空海論／仏教論

清水高志

以文社

序

これまでほとんど語ってこなかったが、わたしには非常に早くから、仏教ないしインドの哲学や文学への傾倒があった。『スッタニパータ』、『ウパニシャッド』などに惹かれ、読み耽ったのは一二歳と三ヵ月くらいからで、その頃から世界を仏教的かつ哲学的に解明するという意思を抱いていた。今風に考えれば、およそ社会適合できないある種のギフテッドだったのだろう。今だから言えるものの、当時この思いをそのまま口に出せば狂人であり、もちろん大人を含め自分の考えは誰にも理解されなかった。そののち奇跡的に、紆余曲折を経ながらもフランスの現代哲学者、ミシェル・セールの研究者として大学に職を得て、生活を落ち着かせることができた。やがて二一世紀の新しい実在論や、人類学の存在論的転回など、学問の新潮流にも共鳴し理論的な模索をし、書物を書いたりするうちに、徐々にまた、近年仏教への関心がわたしのなかで強く蘇ってきた。

ごく若い時期のわたしの心に芽生えたのは、仏教的に言えば発菩提心（ほつぼだいしん）、発心であり、それが自身に責務として課されているという思いである。西洋哲学の研究に長年従事しながらも、わたしのなかでこの最初の萌芽がしっかりと根を張り始めたのである。今世紀の人類学が、多自然論やマルチパースペクティヴィズムといった、西洋近代の世界観そのものを、人類がもつ多様な存在論の一つとして分析する理論を打ち出したことや、またそれを哲学的に吟味するなかで、アプローチのための有効な手がかりを数多く得て、仏教に固有の問題意識や世界像を、真正面から真剣に考察するための機が熟したのである。

本書で試みるのは、初期仏教から密教までの哲学の初源のあり方を、現在考えられるあらゆる方法を駆使して読み解くことである。レヴィ＝ストロースの後継者で、現代フランスを代表する文化人類学者であるフィリップ・デスコラは、西洋の文化そのものをも人類学的考察の対象にするその学問の方法を、みずから構造的存在論と呼んでいるが、本書のアプローチもまた構造的存在論による仏教の解釈であると言っていい。しかし後期プラトンや、ミシェル・セールやライプニッツの思想とそれらの方法を対話させることによって、その方法論は理論的により補強され、それが持つ哲学的な含意もあらたな射程を得ることになった。こうした僥倖から、西洋と非西洋の世界観がいかに分化したのか、そしてまたそこで東洋的思惟が選んだ道とその意義についても、つまびらかに論じることが可能になったのである。

ようするに、東西の人類による知的営為を二千五百年にわたって遡行し、仏教が見いだした画期が何であったのかを問うたのが本書である。その過程で仏教そのものが持つ、哲学的優位についてもわれわれは改めて吟味した。縁起説と「離二辺の中道」という、初期仏教においてすでに説かれていた概念から、その必然的な再解釈として大乗仏教が生まれ、さらにそこから密教までもが生まれてきたことを、ここでは理論的にはっきりと跡づけようとしている。実のところ本書は、大乗仏教は釈迦が説いた仏教に後代になって次々新説が加上されてできたもので、仏陀の真説ではないとする、富永仲基以来の大乗非仏説に、明確に理論的な反証を試みたものなのである。

ご覧頂ければ分かるように、この書物は大きく二部構成になっている。もっとも読者のお好みで、どちらから読まれても構わないが、一部と二部を循環的に読まれると、より理解が明確になるであろう。このうち一部は、わが国における代表的な仏教論理学者の一人である師茂樹さん、密教をはじめとする日本仏教の研究者で、京都大学人と社会の未来研究院の研究員である亀山隆彦さんを聞き手として、京の旧き良き町家の趣きをとどめる上七軒文庫で二〇二二年の三月に行なった講義に、大幅に加筆して再構成したものである。この講義、および意見交換は日本仏教にまつわる情報発信を上七軒文庫から精力的に続けている亀山さんと師さんの活動の一貫として、動画配信（上七軒文庫 in シラス）されたものである。人類学者で立教大学教授の奥野克巳さんと刊行した共著、『今日のアニミズム』を機縁としてがんらい準備されたものだが、本書での内容は前著とは一部重なる部分はあるもののいちじるしく拡張され発展しており、もはやすっかり別のものであると言ってよい。ただし道元や禅についての言及が前著には多く見られ、そちらにも関心が深い方はぜひ参照して頂ければ幸いである。

第二部は、空海の理論的著作のうちでもおそらくもっとも厄介なテキストである『吽字義』を、頭から終わりまで精読し、その古代の哲学を丸ごと復元し跡づけたものである。一部から半年後にこれは一気に書かれたもので、その間わたしのうちで空海に対しての理解がにわかに進んだことから、空海が悉曇文字の「吽字」一文字のうちに仏教の教理を凝縮して語った『吽字義』を採り上げて、初期仏教から密教までにいたる仏教哲学の一貫したあり方を、あらためて再現しようと試みたものだ。千二百年前の人物とその思想を扱い、それを蘇らせることはわたしにとってもきわめて刺激的であったが、書き上げてみると思いのほか、日本の知的風土の伝統のなかで文芸批評というジャンルがかつてよくした、往古の人物像の立ち上げに近いものになっている。この古代人が、まったく現代の哲学者のように生き生きと語るのを、さながら過不足なくお目にかけようというわけだ。

＊＊＊

本書の刊行にさいしては、いつもながら多くの方々に非常にお世話になった。梅の咲き誇る京都の北野天満宮にほど近い上七軒文庫で、私に仏教について語る場を与えて下さり、多くのヒントをもたらしてくれた亀山隆彦さんと師茂樹さんには、心から感謝の気持ちを伝えたいと思う。新進気鋭の書家である森ナナさんには、空海を語るエネルギーに満ちたこの本にふさわしい装画を頂いた。ありがとうございます。また早くから本書の出版に向けた計画を提示し、多方面で手配して下さった以文社の大野真さんにも、最大限の謝意を捧げたい。昨年対談した松岡正剛さんにも、空海の思想に取り組むためのヒントやモチベーションを数多く与えられた。当代における仏教学の代表的な碩学であり、空海の哲学の解明に近年非常に情熱を注がれている東洋大学の前学長、竹村牧男さんの数多くの書物にも、大いに励まされた。それらの御恩に、多少なりとも報いることができたのだとすればこれに過ぎる喜びはない。

令和五年　一月　四日

仲冬の故郷にて

清水高志

『空海論／仏教論』目次

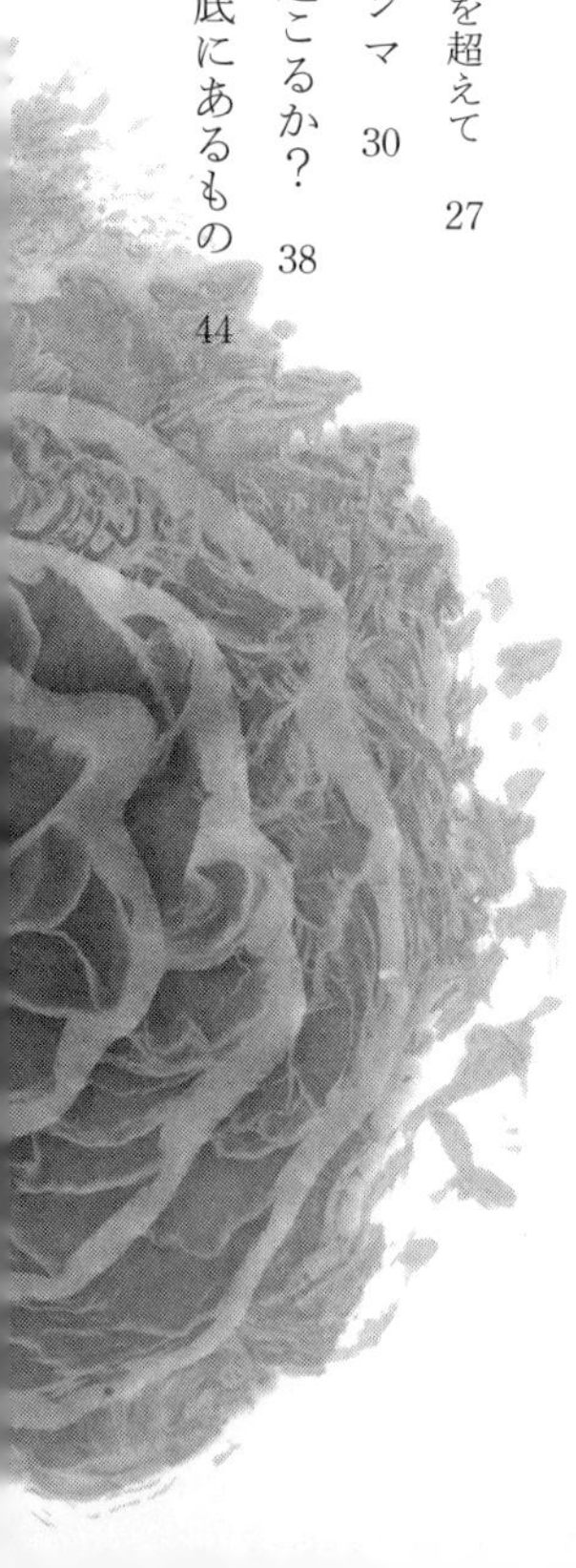

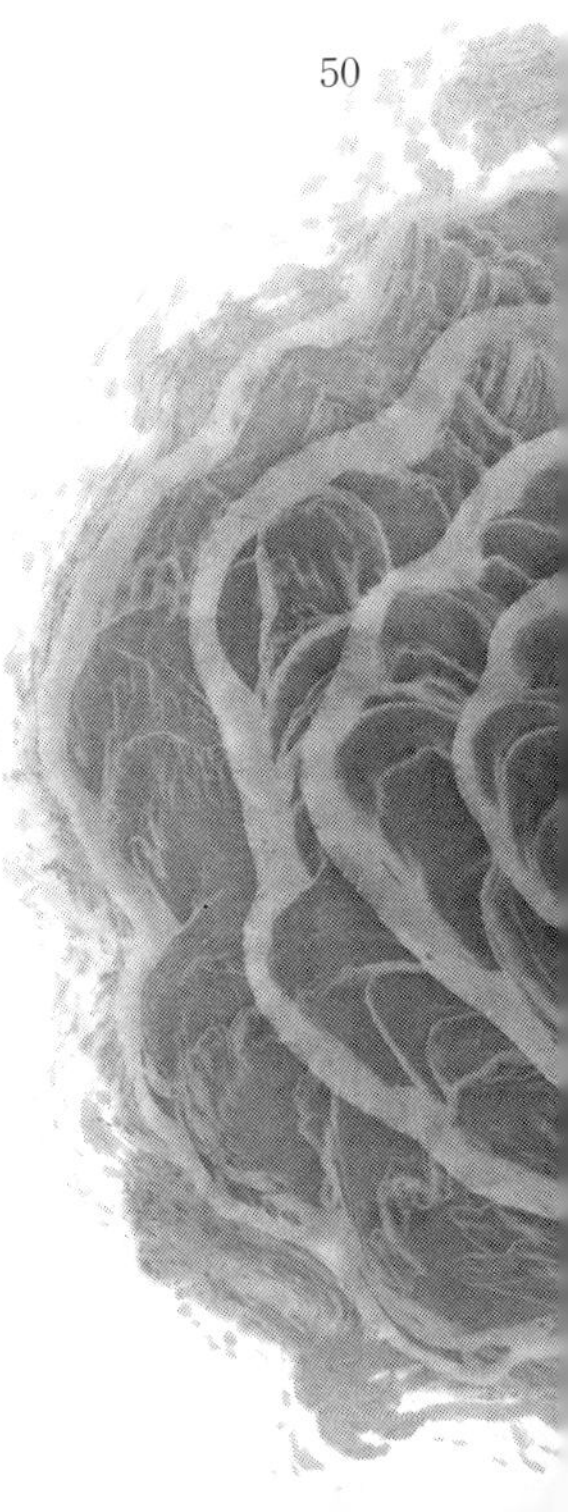

第二部 『吽字義(うんじぎ)』考 清水高志 125

空海論／仏教論

第一部　二辺を離れる——上七軒講義

清水高志×師茂樹／亀山隆彦（聞き手）

第一部の内容は、二〇二二年三月二日に上七軒文庫チャンネル in シラスで配信された「二辺を離れる：『今日のアニミズム』をめぐる鼎談」を、大幅に加筆修正したものに基づく。

プロローグ

師茂樹（以下、師）：最初に清水先生のご紹介や、これまでの仕事について、また今回の講義のきっかけとなった清水先生と文化人類学者の奥野克巳先生との共著『今日のアニミズム』について、簡単に触れられればと思います。清水先生のご研究を知っている方は沢山いらっしゃると思います。今日もたくさんの清水先生の単著や翻訳した書籍、関連書を持ってきましたが……重いですね。上七軒に来る際、嵐電（京福電気鉄道嵐山線）のなかでも重たいなと思ったんですが、こんなにたくさんあります。哲学者ミシェル・セールの本であるとか……。

亀山隆彦（以下、亀山）：落合陽一氏との対談もありましたね（『脱近代宣言』）。

師：それは、今日は持ってこなかった。『セール、創造のモナド』とか、『ミシェル・セール』であるとか、あるいは『作家、学者、哲学者は世界を旅する』というセールの本の翻訳ですとか……。

清水高志（以下、清水）：セールの翻訳は、僕が四〇〇箇注をつけたやつです

『今日のアニミズム』
奥野克巳との共著、2021年、以文社

『脱近代宣言』
落合陽一、上妻世海との共著、2018年、水声社

ね。

師：このようにたくさんの本を書かれているわけです。私も昔から、仏教のことを哲学的に考えるときに、本当に何をやったらいいのか分からないので、手当たり次第に読んでいったんです。ホワイトヘッドとか、ライプニッツとか、C・S・パースといったものを。あちこち読んでいくなかで、ライプニッツが結構良さそうだなと気づきました。そのとき、清水先生の『セール、創造のモナド』、これは西田幾多郎についても論じられていますが、この本に出逢ったんです。それがきっかけでTwitterをフォローしたりしました。一番自分的に大きかったのは、この本ですね。『実在への殺到』。

亀山：ああ、動画コメントでもありましたね。「『実在への殺到』の次が読みたい」と。

師：Twitter上で、清水先生がいろいろと呟いているのを見て、「あ、これは面白そうだ」と思って読んでみたら、最初のほうにブラジルの人類学者ヴィヴェイロス・デ・カストロのマルチパースペクティヴィズムの話が出てきたんです。「うわ、これはめちゃくちゃ仏教の話だ！」とすごく衝撃を受けましたね。それで読み進むと、メイヤスーの紹介をしているところがあっ

『セール、創造のモナド』
冬弓舎、2004年

『ミシェル・セール 普遍学からアクターネットワークまで』
白水社、2013年

て、「これはまったく吉蔵[*1]じゃないか」と思ったんです。フランスの哲学者メイヤスー、ちょうど翻訳書も出て、そのときに流行っていましたよね。

清水：『有限性の後で[*2]』ですね。

師：そう。買ってはいたけれど、あれをまだちゃんと読めてはいなくて。それで、『実在への殺到』を見て、「あ、これはメイヤスーを読まないといけない」という感じになってですね。それで読んで衝撃を受けた、というのが、「私の清水体験」の大きなところでしたね。

清水：そうなんですね。僕のほうももともと仏教志向が強くて、ローティーンの頃からずっと仏教が好きなんです。師さんが持ってこられた、その二冊目の本の後書きにもそういうことを書いているんですよ。『来るべき思想史』ですね。ずっと仏教、インド哲学、「印哲」が大好き。

亀山：神話にもよく触れられていたとか。『バガヴァッド・ギーター[*3]』や、『ラーマーヤナ[*4]』とか。

清水：『バガヴァッド・ギーター』は中学時代から読んでいたし、非常に深い哲学だと思いましたね……。『ラーマーヤナ』も小学生の頃に阿部知二の翻訳を読んで、ものすごくかぶれたんですね。ラーマ王子が生まれたイク

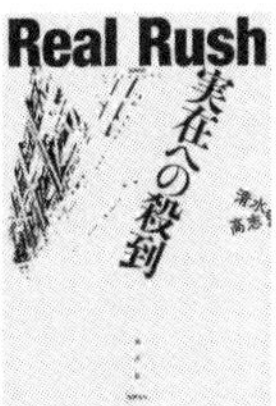
Real Rush
実在への殺到

『実在への殺到』
水声社、2017年

作家、学者、
哲学者は
世界を旅する

『作家、学者、哲学者は世界を旅する』
水声社、2016年

シュヴァーク王朝の王様の名前が代々言える。いまだに言えるんです。

亀山・師：（笑）。

清水：だから『リグ・ヴェーダ讃歌』[*5]も、そのころ辻直四郎さんの訳で読んだものを、なんとなく諳（そら）んじろと言われたら諳んじられるんですよ。「連れだつ友なる二羽の鷲は、同一の樹を抱けり、その一羽は甘き菩提樹の実を食らい、他の一羽は食らわずして注視す……」とか。他にも、とにかく何でも読んでいました。珍しいところだと『屍鬼二十五話』[*6]とか、『鸚鵡七十話』[*7]とか、ああいうものも一々集めていました。南條文雄の『サンスクリット事始め』[*8]とか。『仏教植物辞典』[*9]というのも持っていました。中学一年の春休みに国会図書館に通って、ヴィンテルニッツや池田澄達の本を幾つも丸々コピーして合本にして、『マハーバーラタとラーマーヤナの梗概（こうがい）』[*10]という本を自分で作ったりしていましたね。

亀山：すごい情熱……。王様の名前の話、かなりすごいですね。

清水：人類の祖マヌから始まって、マヌ、イクシュヴァーク、ククシ、ヴィククシ、ヴァナ、アナラニャ、トリス、トリシャンク……。

亀山・師：おーっ。

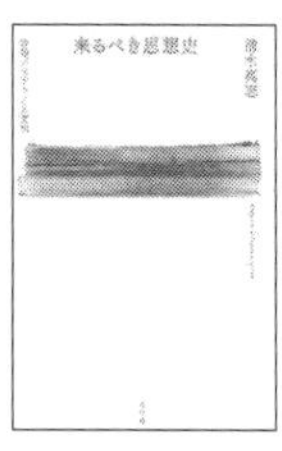
『来るべき思想史』
冬弓舎、2009年

*1　六〜七世紀に活躍した三論教学の大成者。嘉祥大師『三論玄義』金倉円照訳註、岩波書店、一九四一年

*2　カンタン・メイヤスー『有限性の後で――偶然性の必然性についての試論』千葉雅也ほか訳、人文書院、二〇一六年

清水：それで、この王様たち一人ひとりに奇譚、縁起譚があったりするんです。現身で天界に昇ろうとして途中で落下するとか、そんな物語がある。『バーフバリ』とか『RRR』とか、今インドの映画が世界的に大ヒットしていますが、大昔から非常に魅力的なコンテンツがいっぱいあったわけです。夢に見るくらい好きだったんですが、インドというのは、あれに傾倒すると文学、思想・哲学というだけでなく、インド学になってしまうんですよ。混沌としたその世界じたいが対象になる……。そういえば、ルイ・ルヌーの『インド学大事典』[*11]も持っていました。これは、フランスのインド学者が編纂した大変な名著ですね。しかしそういう傾向を引きずって、そちらばかりのめり込んでいても、端から見ると頭がおかしい人みたいになってしまう（笑）。お寺に生まれたわけでもないのに、なんでそうなのかと思われるので、自分が考える概念や用語をヨーロッパに寄せていこうと思ったのが一五歳くらいの頃です。

それでショーペンハウアーから西洋のものを読んでいったんですが、ドイツ人はどうもインドを誤解しているなと。それは文学も読んでいたので、あんなに厭世的ではないと思ったんです。次第に文芸的にもフランスに惹かれ

＊3　『バガヴァッド・ギーター』上村勝彦訳、岩波書店、一九九二年

＊4　ヴァールミーキ『ラーマヤーナ』（上下）阿部知二訳、グーテンベルク21、Kindle版、二〇一六年

＊5　『リグ・ヴェーダ讃歌』辻直四郎訳、岩波書店、一九七〇年

＊6　ソーマデーヴァ『屍鬼二十五話――インド伝奇集』上村勝彦訳、平凡社、一九七〇年

＊7　シュカサプタティ『鸚鵡七十話――インド風流譚』田中

ていき、その後、いろいろと模索があったんですが、哲学、文学、自然科学まで渾然と語る現代の哲学者ミシェル・セールを研究し始めたんです。それが二〇歳のとき。その後ミシェル・セールは彼自身の博論がライプニッツだし、そこから研究しないと駄目だと気がついた……。そのライプニッツも、京都学派の西田幾多郎に近い下村寅太郎とか、そういう傾向のライプニッツ解釈と相性がいいだろうというので、そちらにも関心を向けるようになっていきました。

西田幾多郎は、晩年はとくに華厳的でかつライプニッツ的と言われていますね。彼は同時代の西洋哲学と東洋哲学を、徹底して突き詰めて対話させた人ですが、その対話はおおよそ華厳までです。——僕としては、華厳仏教のあとにさらに仏教が日本の土俗的なものと習合していった、その地点まで突破しないと本当ではないという思いがずっとあったんです。ヨーロッパの思想を完全に、それこそアニミズムにまで融合していかないと、最終形態ではないと思っていた。先の本ではそれを考えたかったんです。

師：そういう願望は、ちなみに二〇歳でセールを研究し始めてから、割と早い段階からあったということですか？　やっぱりセールをやっている間に

於菟彌訳、平凡社、一九六三年

＊8　南條文雄『懐旧記——サンスクリット事始め』平凡社、一九七九年

＊9　和久博隆編著『新装版　仏教植物辞典』国書刊行会、二〇一三年（旧版は、一九七九年）

＊10　池田澄達『マハーバーラタとラーマーヤナ』（東洋思想叢書14）、日本評論社、一九四四年。池田澄達『マハーバーラタ物語の梗概』仏教年鑑社、一九三三年。ヴィンテルニッツ『叙事詩とプラーナ』（インド文献史第2巻）、中野義照訳、日本印度学会、一九六五年

……。

清水：研究しながら、二〇代の終わり頃にはもう、そうなるのが本当だと思っていました。セールには『五感――混合体の哲学』[*12]という著作があるように、感覚の世界を肯定する豊饒な思考があって、ああいうのはライプニッツや西田にはないですね。彼のエッセーのなかでは、美術とか、文芸とか、ワインの薫りとか、美しい情景とか、そうしたものを巡る思索がすべて混淆して独特の哲学がかたち作られてゆくんです。

師：そんな感じですよね。そうはいっても私は『五感』というあの分厚い本を読んで、よく分からなかった（笑）。

清水：『五感』もね、『今日のアニミズム』に出てくるトライコトミー（trichotomy）という議論と近いところがあるんですよ。冒頭で彼が若いころ、船で遭難したときの話が出てくるんですが、舷窓（げんそう）から身体がようやく半分出た状態で、詰まって動けなくなった。船の内部では火災が始まっているんです。その内側と外側の中間の部分に、まさに私の魂がある、と思ったというエピソードから『五感』は始まっていますね。また、自分が指で自分の皮膚に触ったりするときに、触られる対象としての自分と触れる主体としての自

＊11　L・ルヌー、J・フィリオザ『インド学大事典』全三巻、山本智教訳、金花舎、一九八一年

＊12　ミシェル・セール『五感――混合体の哲学（新装版）』米山親能訳、法政大学出版局、二〇一七年

分が触れあっている、そこに魂があるということを語っていて、つまり内と外を両方またいだところに、主体と対象が切り替わる地点があるんだという話なんです。

唯識、二項対立、三項構造

清水：ところで、先ほど師さんは、『実在への殺到』の第一章、「ヴィヴェイロス論」の話をされていましたよね。じつはその論文は以前、学会のシンポジウムが京都大学であって、大阪大学の檜垣立哉さんと、僕と、亡くなった東京大学の金森修さんが三人で登壇して、「動物の哲学」というテーマで話すという機会があり、それがもとになっています。そのとき僕は、おそらく檜垣さんはジャック・デリダの動物論について語るだろうと予想し、金森さんは動物機械論とか、ああいう一七世紀の科学史と思想史が交錯した主題で語るだろうから、文化人類学の今世紀の動向が非常に面白いこともあり、自分はヴィヴェイロス・デ・カストロのマルチパースペクティヴィズム（多自然論）について語ろうと思ったんです——その主題が次第に変奏されて、ラトゥールとセール、ライプニッツが混ざっていくというかたちになっていきました。

そういうシンポジウムがあったのですが、それを僕も檜垣さんもいまだに、かなり引きずっているところがある……。檜垣さんも『動物の哲学』という本を出す予定だそうですし、僕はアニミズムについての本を出した。二〇世紀に多く見られた多文化論とは違うかたちで、「多自然論」というものの見方が、人類学や哲学において、マルチパースペクティヴィズムというかたちではっきりと出てきた。一言でいうと、外的世界は客観的にひとつのものとして、最初から自明にあるのではなく、さまざまな生物種も、個人個人でばらまったく別のパースペクティヴで世界を眺めており、そのパースペクティヴが相互包摂しているという考え方ですね。これが、師さんもおっしゃるように、きわめて仏教的でもある。仏教では古くから「一水四見（いっすいしけん）」と言いますよね。水を魚が見るのと、鬼や人が見るのとでは、それぞれ全部違って見えているという……。

師：もっといえば「人人唯識」という言い方をしますけども、衆生一人一人が見ているものがもう全部違うというような主張を仏教では展開しますね。

亀山：まさにそうですね。

清水：「器世界（きせかい）」と呼ばれる世界が、いくつもあるという風に考えるんですよね。またその全部がばらばらなのではなく、同じ境涯の人たちが、ある程度「器世界」、つまりパースペクティヴを共有してもいるという考え方になるわけです。仏教の考え方のなかでも唯識は、ある程度勉強していけば分かるというところがありますね。優秀な人たちがさまざまな解説や入門書を書いていますから、それを参照すれば理解しやすいところでもあります。

『今日のアニミズム』でも触れたんですが、いわゆる二元論の問題をどう克服するか、ということは人類にとって非常に大きなテーマであり、西洋でもそれを考えてきたし、日本でも、仏教においてもつねに問われてきた。自分がこの問題を考えるなかで気がついたのは、二元論の二元性、二項対立性というのが生みだされる背景には、異なった種類の二元論が複数混ざり合ってしまっている、ということがあるんですよね。それが優性の項、劣性の項を固定化する傾向を生み、それによって二元性が解消できなくなっていく。そしてまた、このように無自覚に混じり合っている二元性を、丁寧に分離していくというのが、哲学が昔からやってきたことでもある。

亀山：なるほど。

清水：プラトンの対話篇を見ても、ソクラテスやパルメニデスが出てきて議論しているのは、たとえば「一なるもの」がある、そして「多なるもの」がある。「一なるもの」というのは、実は「同じ」「同」ということではないだろうか？「多なるもの」というのは「異」ということじゃないか？といったようなことなんですね。「そうかもしれない」というので吟味を進めていくと、微妙に違ったりするところがあり、これらの概念をまた別の概念対として区別しようということになる。そうやって、次々にばらばらにすることで、哲学のもろもろの概念が生まれてきたわけです。

また西洋哲学には、複数の二項対立を扱う独特の傾向というものがあり、それらが分離しきってない部分や長年かけて癒着してきた部分がある。二項対立が解決できそうなある二項対立があると、それに「相乗り」させるようにして別の二項対立を結びつけて解いていこうとするので、どうしても癒着してしまうのです。西洋の哲学の発想では、たとえば主体と対象という二項対立であれば、主体と一というものと、対象と多というものの性格が、比較的癒着する傾向にあって、主体の側は合理的に、対象世界のもろもろの現象を整合する、という関係がしばしば固定されているんです。

亀山：統合体としての主体ですね。

清水：一方ではそのように受動的に統合された果てに、世界はあると思っているので、客観的な世界は一つだと思っている。これが近代西洋の考え方で、今述べた仏教とは違うわけです。ところが、今西欧でもそれが逆転した関係になっていることに注目が集まり始めています。対象がまずあって、それに向から主体的なアプローチが複数あって競合する、という構造からモノを考えた方が、実際にはモノの能動性を読み取れるのではないか、というものですね。これが、ブリュノ・ラトゥールらが方法論的に提示した、アクターネットワーク論（Actor Network Theory, ANT）ですね。科学や技術の対象が生まれるにあたって、モノのエージェンシー、能動的作用がどう働いているか、また複数の主体の側との相互作用がどのようになっているのかをネットワーク的に考えるのが、この科学人類学の方法論です。こうした例では、一と多、主体と対象という二種類の二項対立の関係が逆転しているわけですよ。それらの結びつきが従来とは逆転している。こうした構造のほうが、一つの主体のアプローチに還元されない、対象の意想外な働きというものもはっきりと分かる。主体と一、対象と多が結びついていたときには、多様性はどんどん回収される要因としてあるだけで、そこを増やしてもこの構造が仕切り直されるだけで、どんどん主体性が強くなってしまう。二元性が強くなっていく。それでこうした関係を、逆転させたり、ツイストしたりしてみようというのが僕の考えです。

亀山：それでまたもう一個、二項対立が出てくるわけですね。

清水：そうそう、そうなんですよ。のちのちその構造に入っていきますけど、でも、考えたら仏教の構造も実際こうなっていますよね。

亀山：まさにその通りだと思います。

師：もちろん、仏教と言ってもいろいろあるわけですが……。

亀山：少なくとも日本仏教は割とそういうところが強い気がします。

師：そうですね。

清水：唯識などで語られている、識の構造がそうですね。これも自証分というもののなかに、相分（そうぶん）と見分（けんぶん）と呼ばれるものがある。この図（図1）だと相分というものが右の方にあって、それがまず片方にある。一方で見分というのは見ている側で、主体に近いもの。それらを包み囲むように、自証分とい

「相分」「見分」「自証分」という三項の構造

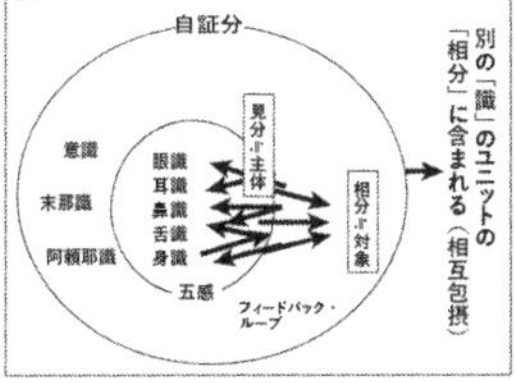

図1　「識」の構造

うものがいわば三項構造をなして、見分と相分をひっくるめて自覚的に眺めている。それで唯識の場合、相分というのは要するに世界がそこに映った現れですね。そうした現れた限りのものとしての対象に、見分としてアプローチしているわけですが、これにも感覚モジュールとしての識がいろいろある。五感に応じて、眼識とか耳識、鼻識、舌識、身識という風に、です。それらが複数アプローチをして、そこからのフィードバックを得て、その限りでまた相分がはっきりしたものとして出てくるわけです。ある対象が、複数の主体的なアプローチを媒介して、主体と対象の両側でフィードバックループが起こるというのは、今日アクターネットワーク論が扱っている状況と同じなんです。

おそらく、こんな風（図1）に見ている人がいるとすると、その人もまた別の人のパースペクティヴにおいては相分として現れるはずです。そういう相互入れ子関係になっている。そのうえで、こうした包摂関係の最終包摂者みたいなものは想定しない。これは現代哲学でよくある話です。やっと西洋でもそういう議論が出て来たわけですね。ドイツの俊英マルクス・ガブリエルなんかがまさにそうです。

師：『なぜ世界は存在しないのか』[*13]ですね。

清水：そしてこうした相互包摂の話から、一即多で有名な華厳の思想も自然に出てくる。仏教ではそうなんですが、西洋でも今まさにそんな話をしている。グレアム・ハーマンもこれと似た三項構造と相互包摂の話をしていますね。複数の別の主体性によるアプローチで関与したほうが、たとえば対象としてのボールに競合する選手が何人もいたほうが、ボール一個の能動性が増すように、むしろ逆に対象のエージェンシーが増してくると。

師：この図（図2）は、複数の衆生がひとつの同じ山を同時に見ているというもので、右側の人のようなものが見分、左側の山みたいなものが相分に当たるんです。だから、ひとつの山に対しても複数のパースペクティヴや識がだーっと関わっているという状況が、その瞬間その瞬間に起きるといった感じですかね。

清水：これは全く現代の多世界論とか多自然論のモデルであって、マルクス・ガブリエルもそっくりな図を描きますよ、ヴェスヴィオ火山で（笑）。

師：そうですね。マルクス・ガブリエルの『なぜ世界は存在しないのか』は図を描いていくとこうなってしまう。

＊13　マルクス・ガブリエル『なぜ世界は存在しないのか』清水一浩訳、講談社、二〇一八年

図2　「同時」の問題　人人唯識

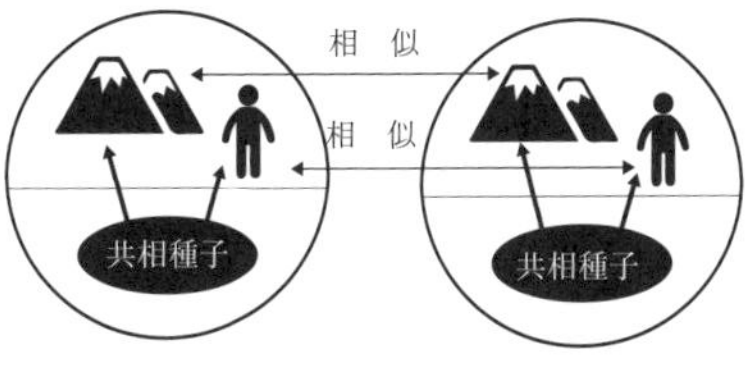

大変流行った本ですが、あれを見た時、「いや、これ普通じゃん」って思いましたね。普通って言い方は、変だけど（笑）。

清水：「（もろもろの《意味の場》の相互包摂だけがあり、それらすべてを包摂するものとしての）「世界」は存在しない」というのを言い換えると、仏教的には「唯識」という言い方になってくるわけですよね。実際には複数の世界があり、複数の器世界があるのであって、客観的で唯一の世界があるわけではない。唯識について、これまでドイツ観念論と比較するなど、かなり「残念」なことをしてきた例が少なくない。実際には西洋的に主体が強いから物自体や対象が排除されてしまっている、というのではないんですよ。

亀山：分かります、そこですよね。また後で詳しくお話いただけると思うんですが、まず欧米的といえる世界と人間の関わり、そこでの近代的な前提というものがある。いっぽうで仏教は、ほんとうにそれとは全く違う理路で世界と人間の関わりを考えているのだけれど、今ヨーロッパでポストモダンの次、という感じで以前の思考を乗り越えようとしているものは、「あれ、なんだか、これは唯識では？」という感じになっている……。

清水：どんどん仏教に寄ってきていると僕は思っているんです。だから、たとえばメイヤスーが「人類が生まれる前」（Ancestral、祖先以前性）なんていう議論を持ちだすのも、ようするに仏教で言う「本人未生以前」とか、昔からの公案なんじゃないかと。

亀山：ああ、そうですね。

清水：ポストモダンまでの思想が、対象世界を主体と相関的なものとしてしか理解できていない。二元性すら弁別できていないというのがメイヤスーの批判ですが、そこで語られる相関性の問題というのも、禅でたとえばこういう風に両手を打ったときの、「隻手の音声を聴け」（「隻手音声：両手で手を打つと音が響くが、その片手のほうの音を聴け」）という公案を考えてきたのと同じなんじゃないか。そう思っているから僕は、『実在への殺到』の前、二〇一三年の『ミシェル・セール』を書いた時点で、メイヤスーの用語をわざわざ「人類未生以前」と訳しているんですよね。いずれ仏教だと思っているんです。

六道輪廻と多自然論

師：先ほどお話されていた、哲学を日本の土着のところにもっていかなければいけないという点ですが、『実在への殺到』を読んだときに思ったのは、逆に仏教をやっている人たちが、六道輪廻（りくどうりんね）とかを真剣に受け取っていなかったということです。つまり一種の記号というか、操作できる記号のようなものとして、地獄、餓鬼、畜生というものがあるけれど、それに何の意味があるのかを全然考えずに「異熟だね、異熟というのは地獄・餓鬼・畜生に生まれることだよね」で終わってしまって、それが持っている哲学的含意というものが実は真剣に考えられていなかったんですね。──阿頼耶識（あらやしき）などになると「これはちょっと哲学っぽい、考えよう、認識論なんじゃないか」ということになるんですが。──まさに、六道輪廻とか、とくに餓鬼道みたいなものは、お施餓鬼やお盆などに直結しているものであるにもかかわらず、逆にそうであるからこそ、人類学的な用語で言えば「真剣に受け止めて」いなかったんですよ。それを、この本を読んだ時に、「うわ、これは非常に真剣に受け取らないと」という逆の気持ちになれたのが、私のなかでは大きかった。だからTwitterなどで「みんなこの本を読め」と言ってたんですよね。

亀山：みんな読んだんですか？　結局……。

師：私の知り合いは読んだ。知り合いは多いですけど、読んだ人も結構います。

亀山：ああ、良かった。

師：今日、これを観てくださっている方のなかでも、「読みました！」って言ってくれたりした人もいます。ただ、中身としては、仏教を直接扱っている部分というのは全体としてはそれほど多くないので、「何で師はこんなものを読めって言ったんだろう？」と思われているかもしれないですけど。――ちょうど、その時考えていたんですよ。何で餓鬼道と、われわれの世界が被っているというような話があるんだろう、と。『餓鬼草紙[*14]』などを見ながらずっと考えていたんです。

それで、吉蔵はさすがだなと思うんですけど、その重なり方には何パターンもあるという、そういう整理をやっていたりします。なのですが、何でこんなことを語っているんだろうというのが、よく分からなかった。それに対

＊14　小松茂美『日本の絵巻7　餓鬼草紙 地獄草紙 病草紙 九相詩絵巻』中央公論社、一九九四年

して、「あ、なるほど！」と思えたのが、この『実在への殺到』ですね。だからそういう意味では、この本との出逢いが、さっきも言いましたけど「清水体験」の一番大きなものだったなと思いますね。

亀山：いいですねぇ、最高。幸福な出逢いじゃないですか。

清水：地獄経由で。

亀山・師：（爆）。

清水：いや、確かに僕も、師さんからそういう話をうかがって「ああそうだなあ」と感心したんです。つまり、そっちのほうに結びつけられるということに気づいたわけです。そういう経緯もあって、『今日のアニミズム』では非常にまた仏教に近づいていって「もう仏教のことしか考えられない！」という状態にまでなりましたね。

師：『実在への殺到』の後ですね。さっき名前が出た、マルチスピーシーズ研究会で、『実在への殺到』の書評会をやったんですね。そのとき私も呼んでいただいて、さっきの餓鬼道の話とかを、いろいろお話しました。ただ、その頃はまだあまり、自分の中で整理ができてなかったので、それほど突っ込んだお話ができなかったんですけど、その後に、『モア・ザン・ヒューマ

『モア・ザン・ヒューマン　マルチスピーシーズ人類学と環境人文学』
奥野克巳、近藤祉秋、ナターシャ・ファイン編、2021年、以文社

ン』というインタヴュー集が刊行されました。いいタイトルですね、最高ですよ。『今日のアニミズム』と同じく以文社から出ています。これは人類学の本でエドゥアルド・コーンのインタヴューをはじめ複数の人類学者や哲学者、文学者のアンソロジーとなっており、はじめはEKRITSのHPでばらばらに公開されました。

清水：僕は道元について語っていますね。

亀山：そうそう。あれ、すごく面白かった。

師：そのなかで、清水先生に私が聞き役となってインタヴューしたのが「仏教哲学の真源を再構築する――ナーガールジュナと道元が観たもの」というものです。なんか殴られそうなタイトルですが。

清水：(笑)。

亀山：いや、ほんとにいいタイトルですよ。

師：そこで今日の、「二辺を離れる」という主題を、かなりクリアに仏教の文脈で語っていただいたと思うんですが、この対談がかなり圧縮率が高くて、かなり内容が詰まっているので、私はすごく良かったんですけど、「よくわからん！」という意見もあったりしたので……。

清水：ははは（笑）。

師：このときもすでに清水先生に、仏教の側に大分寄っていただいた感があったんですが、その次に出されたのが、これですね、『今日のアニミズム』です。

亀山：ちょっと補足として、上七軒文庫の活動に引き寄せてお話させていただきますと、僕は清水先生のご著作を師先生のように追いかけていたわけではありません。それで、上七軒文庫を始めたのがちょうど三年前なのですが、その頃、僕は仏教学が専門なのに人類学の議論がとても好きで、いろんな人が当時良いと言っていた『食人の形而上学』[*15]と『インディオの気まぐれな魂』[*16]というエドゥアルド・ヴィヴェイロス・デ・カストロの本を読んだのですね。そのなかにパースペクティヴィズムと多自然主義という考えが出てくるんですが、「あれ、これは仏教では？」と僕も勝手に思っていたんです。上七軒文庫を始めてから、僕自身「これはもう本当にチャレンジしていかなきゃいけない」と考えるようになりました。それで、仏教史の講義にも、《視点》という言葉を入れたり、マルチパースペクティヴィズムと仏教というテーマで話したりしていたんですよね。そのとき、そういうことを考えてい

＊15　エドゥアルド・ヴィヴェイロス・デ・カストロ『食人の形而上学――ポスト構造主義的人類学への道』檜垣立哉・山﨑吾郎訳、洛北出版、二〇一五年

＊16　エドゥアルド・ヴィヴェイロス・デ・カストロ『インディオの気

ると師先生にお話しすると、もうわが意を得たりとばかりに師先生が「いや、実はね」と語りはじめて、それで僕も、清水先生のご活動をそこから詳しく伺うようになったんです。それでご著書も読ませていただいたんですよね。

だから、そういった意味では、今『今日のアニミズム』に至るまでの流れをまとめて語っていただきましたが、僕は直接清水先生経由ではなかったんですけれども、師先生と比較的同じ問題意識を共有しながら、それを今、上七軒文庫でやっている実践に落とし込んでいるというところがあるんですよね。

《属性》の論理学——排中律を超えて

清水：『今日のアニミズム』や『モア・ザン・ヒューマン』が難しかったという話がありましたが、今回の上七軒文庫での講義を機会に、もっと開いていけないかなと思っているんですよね。結局、二項対立の問題というものがそもそも難しいんです。二元論というのは、いわゆる排中律が成立するときに否応なしにそれが成立するのであって、たとえば、丸い個物が「丸いもの」というグループに入る、というのだったら「四角いもの」にはもう入ら

まぐれな魂』近藤宏・里見龍樹訳、水声社、二〇一五年

ないわけですよね。つまり、どちらかになって中間が排除される。『モア・ザン・ヒューマン』のときもこういう話から始まったわけですが、この場合論理的であるということが絶対にそういうことでないといけないのかというと、実はそうでもない。それは普遍的、一般的なものに個別なものが含まれるという方向で考えたときにそう言えるのですが、具体的な個別のものが異なる普遍的性質を持つということは可能であろうと。インドの論理学では、この区別がすごくはっきりしていて、否定形になった場合に排中律にしたがって逆のことが肯定される否定（相対的否定）と、ただ否定されるだけの否定（絶対的否定）というものがある。「これは壷である」というのと「壷がある」というのは違うんですよね。否定形にすると前者は相対的否定、後者は絶対的否定になる。「百合は花である」というような、個別のものを一般のものに含めていく分類的な「判断」を論理的であるとする西洋とは逆に、インドの論理学は一般的な性質を個物の属性というかたちで個物に含めていくという立場を採りますね。

師：ダルミン（基体）と言いますね。

清水：ダルマ（属性）とダルミン（基体）の話ですよね。先のような問題をダルマ、すなわち個物の属性という側から考えていくというのがインドの考え方。これは、西洋の哲学者でもたまにいます。ガブリエル・タルドとかシェリングとかですね。実は、ソクラテスがそうなんですよ。後期プラトンでは、こういう排中律の問題を考えて、イデアというのは「大そのもの」とか「小そのもの」だというけれど、普通のものは大であるとも小であるとも言いうる、中途半端になってしまうのはどう考えたらいいんだろう、と。また、たとえば「大そのもの」のイデアなどは、具体的で感性的なものから分離してしまうのではないか、という難問がでてきた。『パルメニデス』という対話篇のなかで、ソクラテスはこの問題について、いや、それは具体的な個物が、一般的な「大のイデア」と「小のイデア」を分有するのであれば共存できるという提案をするんです。

師：まさにダルマとダルミンの話ですね。

清水：そちらにソクラテスは寄せようとしてくるわけですよ。そうすると、パルメニデスは分有（μέθεξις、ラテン語訳で participatio）と言うんだから「やはりそれは大そのものにその個物も含まれるんじゃないかね」と言って、一般的なものの側に個物を引き込んでいって、結局彼が普遍的なものだとする「一なるもの」しか残らない、という議論を展開するわけです。

亀山：ああ。なるほど。

清水：この『パルメニデス』は、読んでいると吐くくらい難しいんですよ。後半特にめちゃくちゃに錯綜していく。それを真面目に考えないといけない。プラトンは『饗宴』なんかを読むと「人類黎明の頃にこんな素敵な会話をしてたねえ」と感じますけれども、後期プラトンはもう悪夢のように難しいわけですよ。頭が狂っている！　本当にソフィストが出てきて奇矯極まりない議論をやりだすと、インドの論理学の一番わけのわからない論者が、ギリシャと対決しているくらいの感じになる。

亀山：なるほど（笑）。

「野生の思考」とテトラレンマ

清水：それでいったい何を考えようとしていたのか（図3）。まずこの「トライコトミーと離二辺」という話なんですけど、これは最初に師さん、亀山さんとの話に出てきたように、三種類の二項対立を組み合わせて、それを変化させることで、それらの二元性を調停するという方法論ですね……。最初に図で三つのポイントをあげておきます。仏教ではよく「離二辺の中道」という形で説かれている、テトラレンマという発想があります。これは、伝統的に四句分別（しくふんべつ）ともいいますが、インド人が非常に古くから用いてきた独特の論理のあり方ですね。「Aである」とか「非Aである」とか「Aかつ非A」、ある命題Aについて、そこから考えられる命題を四つ列挙していくわけです。これを順番に第一レンマ、第二レンマ、第三レンマ……と言いますが、西洋では第一レンマとその否定である第二レンマを考え、第三レンマは排中律によって否定されるわけですね。ところがインドでは、第三レンマはおろか「Aでもなく非Aでもない」という第四レンマというものまで定義しようとします。

不生不滅など、仏教ではそういうものが一番安定的な形だというふうに言われているわけですが、『今日のアニミズム』で僕が提示したトライコトミー trichotomy という理論は、複数の二項対立の結びつきのなかで、もっとも絞られた形で理論が一巡し、

図3　トライコトミーと離二辺

① trichotomy トライコトミーは、三種類の二項対立を組み合わせ、その結びつきを変化させることで、それらの二元性を調停するという方法論である。

②仏教では「離二辺の中道」で説かれている思想、テトラレンマ（「A」「非A」「Aかつ非A]「Aでもなく非Aでもない」）が、それによって定義される。

③「含むもの（外）」と「含まれるもの（内）」、「一なるもの」と「多なるもの」、「主体」と「対象」という三種の二項対立がそこでは扱われる。

すべてが第四レンマ、すなわち二項対立のどちらの極でもないという構造をつくろうとしたものだったんです。そのために結びつけられる、重要な二項対立の要素としてチョイスしたのが、「一なるもの／多なるもの」「主体／対象」、これはこの本のテーマが人間と自然の問題、アニミズムの問題だったからというのもあります。そして僕の考えでは、「含むもの／含まれるもの」の関係、言い換えると「内／外」の二項対立っていうのは非常に本質的なんです。この関係は、今のパルメニデスとソクラテスの話でも、まさにこれが最大のアポリア（難題）になったんですね。ここがギリシャ人たちが分からなくなったところで、それが解決できないと、イデア界と感性的世界が分離したままになってしまう。

これは人類全体の問題として、レヴィ＝ストロースが語っていることでもありますね。文化と自然の分離とか、そうした主題を、色々な文化圏の人々が執拗に考えている。「含むもの」と「含まれるもの」が分離したり、入れ替わったりするという話は、たとえばレヴィ＝ストロースだと『神話論理』[*17]の二巻によくそういう話が出てきます。神話の語りのなかでそういう主題が繰り返し現れ、それが変形されるヴァリエーションが次々生まれているわけ

＊17　レヴィ＝ストロース『神話論理』全五巻、吉田禎吾ほか訳、みすず書房、二〇〇六〜二〇一〇年

です。この、「含むもの／含まれるもの」、つまり含むものは普遍的なもの、イデアとも言いますけれども、それがどういうものかというのを定義するのは非常に難しいんですが、ただ、それを直接語るというのは、下手なやり方なんです。

だからそれとよく似た、より具体物に結びつきやすい別の二項対立に、その主題を分裂させる必要がある。そうやって概念を丁寧に腑分けするんです。それで『パルメニデス』[*18]でも出てきたのが、「一」と「多」というもう一つの二項対立なんです。しかし、「一なるもの／多なるもの」という二項対立だけでもまだ駄目で、それをまた別種の二項対立と結びつけて、ツイストさせる構造をつくらないといけない。

実は、ギリシャ人というのはそういうことをずっと考えているようなんですよね。プラトンを読んでいても、『ティマイオス』[*19]にソクラテス以前の哲学者であるエンペドクレスの話が出てくる。エンペドクレスというのは、後代に伝わったものを読んでいると、ソクラテスらが登場する前に、ものすごく素朴なことを言っていた人たちがいたかのように思われてしまうんだけれども……。

＊18 『プラトン全集4 パルメニデス ピレボス』田中美知太郎訳、岩波書店、二〇〇三年

＊19 プラトン『ティマイオス／クリティアス』、岸身一郎訳、白澤社、二〇一五年

亀山：なるほど。

清水：あれはプラトンに伝わる前、その間に何人か素朴な人たちがいただけで、本当はもっと重要なことを考えていた気がするんですよ。というのも、後期プラトンに登場する、イタリアから来る刺客のような論者が、びっくりするくらい高度な議論を展開するんです。あの人らの考えていることは、実はすごく深いんじゃないかと思って見ていくと、今回トライコトミーという議論で考えていたような思考がふんだんに出てくる。

これ（図4）はよく知られている四大元素というものですね。この四大元素は、たとえば空海の思想でも、これにさっき話していた「識」、識大や空大を加えた、六大というものが非常に重要ですよね。結論から先にいうと、これらは互いに調停されるようになってるわけですよ。たとえばこの、火と水とは正反対の要素としてあって、二項対立的なんです。

亀山：三角のこの対同士ですね。

清水：対ですよね。そうして、土と風もやっぱり正反対の要素ですね。

亀山：四角の対向になっている。

清水：そうなんですよ。それで、そういう解消不能な反対のものがあると、この二項対立をまず分裂させるんです。似た形の二項対立として。こういう調停の解法が、古代から語られている。

師：なるほどね。

清水：「火」「水」のような主語的なものじゃなく、より具体的な「様態」に変えて、二項対立を別のものに分裂させる。様態というのは、さっきのインド論理でいうとダルマですね。そうすると「熱」と「冷」という二項対立が出てくる。この図の反対側には、「乾」と「湿」が出てくる。それで、水火と風土を挟む。これはようするに、二項対立をより感性的で具体的なものにするということです。さっき言った、「内／外」という二項対立、「含むもの／含まれるもの」を「一」と「多」という二項対立に置き換えたように、具体物に結びつきやすい別の二項対立に分裂させる。そうすると――これは全く『野生の思考』なんですよ――第三項が出てくるわけです。「乾」は「火」と「土」の双方の様態であり得るし、「熱」は「火」と「風」の双方の様態であり得る。「火」

図4　エンペドクレスの四大元素モデル

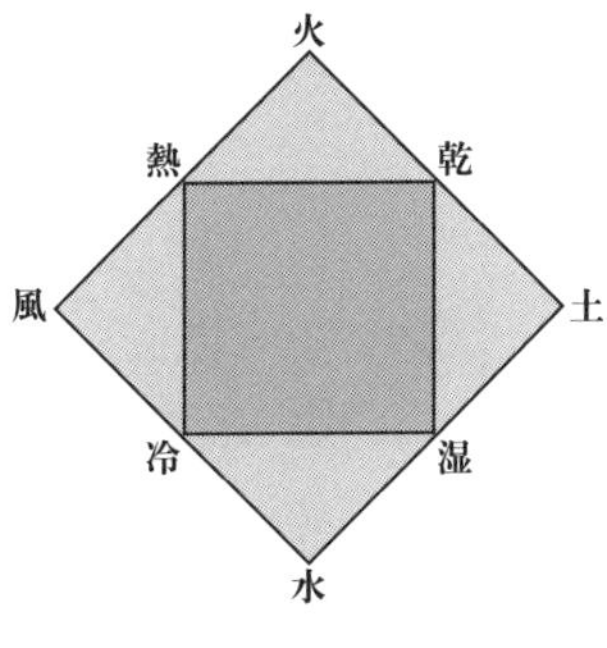

と「水」、「風」と「土」のような対角線ではなく、これらの中間項を介しつ
つ四角形の辺を順に辿っていけば、すべてがお互いに調停されていて大丈夫
ということになる。

エンペドクレスは世界が四大元素と愛と憎しみで出来ていると語っていた
とされるんですが、それは「何をそんな素朴な神話を語っていたの？」と一
見思うけれども……。

亀山：これ、めっちゃ頭良いですよ。

清水：ようするに、これはレヴィ＝ストロースが『神話論理』で分析してい
たことじゃないですか、まさに。

亀山：そうそう。

清水：レヴィ＝ストロースがアメリカ先住民の神話を読み解きながらやろう
としたように、完全に分裂してしまっている対立二項の要素も組み込んでいっ
て、それでしかも全部が繋がって環が閉じる。これを「愛」とか「憎しみ」
とか呼んでいるわけですよ。

師：それしか言葉がなかったから、そう呼んでいるわけですね。

亀山：それはまさに、レヴィ＝ストロースが研究対象としている、ブラジル

のボロロとかナンビクワラの人たちが、いわゆる抽象概念は持っていないけれど、森の動物たちのもつ性質を対立させたり、その対立を調停させたりして、カテゴリーをつくったり、感性の哲学を作り上げているというのと同じですよね。

清水：そうなんですよ。『野生の思考』[*20]で最初からそういうことを彼は述べていますよね。全くその通りで、概念を主語化してカテゴリーを出してそれらを整理・分類するんじゃなくて、彼らは様態の細かい違いに非常に精通していて、それらを比べていくのが「野生の思考」なんだと、レヴィ＝ストロースは語っているんですよね。

亀山：オペレーター（操作子）というものですね。

清水：ここで、エンペドクレスや「野生の思考」がやっていることは何かというと、まず二項対立があります。その二項対立を別の二項対立に分裂させます。それを感性的なものに寄せます……。そしてそれらが、全体として環を描くようにして調停されるということが大事なんです。媒介となる第三項が次々と出てきて、結果としてどこにも《始点》が来るわけでない構造ができる。そうやってできるのがテトラレンマなんです。

＊20　レヴィ＝ストロース『野生の思考』大橋保夫訳、みすず書房、一九七六年

亀山：そうか。なるほど。

清水：ようするに、第三項が先に繰り延べられていく。そうしてどの項もその役割を負うという形で、第三項の位置が一巡すると、そこで《原因はどの項でもない》という、第四レンマが言える。レヴィ＝ストロースが自分で構造という概念を説明して、サイエンス——これは多分、フランス語のScience、つまり「学問」のことだと思うんですが——学問には、還元的な方法か構造的な方法の二通りしかない、と語ったことがありました。構造的な方法というのは、レヴィ＝ストロースの場合には、第三項的なもの、つまり二項対立をまずつくっておいて、それらを共存させる具体物、これを《媒介》と言いますが、その具体物、《媒介》の位置をただ先送りにするだけじゃなく、順繰りに取り換えて一巡させることで、すべてを説明する形をつくる、ということだったのではないかと思うんですよ。

二項対立の固定化はなぜ起こるか？

亀山：今、先生は「還元」とおっしゃられましたよね。ここまでの話は、

『今日のアニミズム』を読まれた方を前提としているんですけれども、さっきの「還元」ということ、リダクションするということの問題性について少し整理しますね。ヨーロッパの思考が、二元論的であることの何が問題なのかというところから、『今日のアニミズム』のトライコトミーの議論は進んでいきますね。ヨーロッパの二元論が何で駄目かというと、結局複数の二項対立関係が固定されているために、それらが閉じない、たんなる開いた過程を描くことで終わったり、二項対立の一方の側に他の側が還元されるかたちになったりしてしまう……。

清水：どちらかの方向に回収されていく。それは「含むもの／含まれるもの」の関係が一方的なんです。

亀山：たとえばさっきの主客の二項対立、主体と自然があったら、自然はあくまでも主体にとっての対象というあり方に回収されてしまう。

清水：それが還元ということですね。そこで、その二元論を克服する方法というものが、何通りかヨーロッパでも出てきたんですね。それは、こういう媒介としての第三項をとって循環するという形ではなくて、たとえば二重性の中に巻き込んでいくというものです。主体としての精神が、対象を見たり考えたりするとされるわけですが、その主体についても反省的に、考えているみずからをまた思考の対象にできるというように、二項対立を二重性にしていくという方法がある。そしてその二重性に主体は統合するものであって、対象世界は多様な現象としてあるといった具合に「一なるもの／多なるもの」の二項対立などを重ねて、連鎖的に解いていこうとする。フィヒテとか、ドイツ観念論はみな基本的にこのやり方です。

あともうひとつ、あるんですよね。それは、アラビアを経てスコラ学にも受け継がれたギリシャ風の弁証法です。これはプラトンの『ソピステス』[*21]に登場する議論をもとにしている。インド・ヨーロッパ語の「〜である」とか「〜がある」の二重性を使ったものですね。具体的な個物に複数の異なるイデアを分有させるというソクラテスのアイデアを、パルメニデスが追いつめて、なんともならなくなり、すべてを包摂する「一なるもの」だけがあることになった。これに対して、「〜がある（有）」ということの逆は何かというと、「〜があらぬ（無）」ではないと主張したんですね。「〜であらぬ（異）」だと。そして「〜であらぬものがある」という構造をつくったらいいと。これが『ソピステス』による解決なんです。つまり、「〜であらぬ」というの

＊21 『プラトン全集3 ソピステス ポリティコス（政治家）』藤沢令夫・水野有庸訳、岩波書店、二〇〇五年

は、述語の側に来ていたはずなんだけど、それが「〜であらぬもの」つまり「異なるもの」、「異なるもの」として、また主語になって、循環するという論理をつくったわけなんです。パルメニデスが「一なるもの」に存在をすべて回収したのに対し、「多なるもの」を生みだす循環のなかに、すべてを回収していった。

師：なるほど。まさに『中論』第二章ですね（笑）。

清水：そう、『中論』第二章で徹底して批判されているものです。ヨーロッパはそちらに突っ込むわけですね。これは一見すると、第三項のようなんだけれどもやや違うんですよ。たとえば、「このもの性」(haecceitas) という概念があります。アヴィケンナやドゥンス・スコトゥスがそんな話をしているんですが、別のものとは異なった「馬性」というものがあるとすると、それは「他の二項対立については中立無記的である」と言われる。たとえば「大」でも「小」でもどっちでもいいという議論なんです。こんな論理で、感性界とイデア界、地上の世界と神を分離しないで繋ごうという理論が中世にたくさん生みだされていったわけです。一にも回収されず、多様性も認めているわけでそれで良いようにも思えますが、実際にはこの論理は同じところをぐるぐると回っているわけですよ。そして、異なるもの、「〜であらぬもの」も義務のようにどんどん増やしていかなければならない。こうした思考が、ドゥルーズのいわゆる差異の哲学にまで繋がっているということを山内志朗さんが書かれていて、[*22]非常に腑に落ちましたね。これは、二項対立を二重性で循環させて、ぐるぐるネズミのおもちゃの車みたいなものでなし崩しにするというもの——それでまた、ニーチェの永劫回帰がありますよね。あれも、ドゥルーズはこの論理で読み込んでいる。まあこれは、仏教的に言ったらまさに悪い意味での輪廻、サンサーラとしか言いようがない（笑）。

師：無限後退、論理的過失である、ということで終わってしまう。

清水：だから悪夢のようなんだけれども、その「〜であらぬもの」が、後の「シミュラークルとしての世界」だとか、ああいう現代の消費社会のあり方にまで全部行きつくので、すっかりそっちへ行ってしまったのがヨーロッパということですね。

亀山：その前の前提として、西洋では二項対立、二元論の対立項というものの関係性が、変わらないとか入れ替えることができないとか、そういうことをまず疑わないですよね。

＊22　山内志朗『極限の思想　ドゥルーズ　内在性の形而上学』講談社、二〇二一年

清水：こうした不可逆の循環や二重性を前提にすることで、複数の二項対立どうしの関係をひっくり返したり、入れ替えたりすることがいよいよできなくなってしまうんですよね。ちょうど、走っている自転車の前輪と後輪を違う向きに回転させることができないように、それで関係が固定したまま、「発展」していくんです。

師：そのなかで強烈なのが、やはり主観と客観とか、主体と客体といったものので、これが一番どうしても強い。「一／多」とか、「包摂されるもの（内）／包摂するもの（外）」といったもののなかで、主体が強くあったからそれが温存されたみたいな感じなんでしょうか。たとえば観念論のように。

清水：二重性の循環のなかで二項対立をなしくずしで解消しようとして、その循環に相乗りさせるようにして他の二項対立も解消しようとすると、そのプロセスは塞がらないし完成しない。そして同じプロセスに他の二項対立を回収した還元論になる。だから、どうにかして、それを塞ぐ形にしたいんですよ。あるいはそれらの二項対立を、トライアングルのような構造にする。そして、「一／多」の問題をその構造のうちに早めにねじ込んで、ボロメオの輪のようにして二項対立を解こうというわけです。

亀山：そうですよね。だから主体と自然、対象と一と多の関係が固定になっているということ自体が間違っていて、そこからスタートしている。

《縁起》と《離二辺》の源底にあるもの

清水：『実在への殺到』でも、哲学における幹細胞みたいなものを考えようとしたんですが、それが宗教においてはアニミズムであるということですね（図5）。エンペドクレスがやっていることは何かというと、①対立する二項がまずあるということですね。②その二項の、「属性」や「様態」を挙げて、近い別種の二項対立を導き出す。これは先ほどの「乾」とか「湿」とかですよね。③で二項対立をまず分裂する。最初の二項対立にそれらを結びつけると、第三項的なその項が対立二項を兼ねる。これが媒介で、第三レンマなわけですよ。それで、四番目に、第三項の役割をすべての項が担い、あらゆる対立二項についてどの項も「そこに原因が帰される」ものではなかったことが証明される。これですね、この三番目と四番目がレヴィ＝ストロースが「構造」ということで言ったものですけど、「媒介」というかたちで調停しようとするのと、ぐるりと第三項の位置を循環させることによって「縮約」したモデルを作るのが特徴です。それが、「環が閉じる」ということなんです。彼が構造と言っているのは、この「縮約」としての第四レンマのことだと思う。これによって「野生の思考」は、比喩的な形かもしれないけれど、世界を還元的にではなく説明するモデルをつくる。

『神話論理』を読んでいて、神話の思考がなんでこういうかたちをとるのか、なぜこのように考えるのかと思ったのですが、確かに神話の論理のなかに出てくる対比項、二項対立する要素の間には、緊張関係がありますよね。そして緊張関係がありながらも、神話のなかではそれが一応、解決されることになっている。

第三項的なものが段々と出てきて、それらが一巡することによって、すべてが解決されるわけです。たとえば文化というものについて、「生のもの」と「火にかけたもの」があるとすると、「火にかけたもの」は「食べられるもの」であっ

図5

①対立する二項がある。

↓

②その二項の「属性」「様態」を挙げて、近い別の二種の二項対立を導き出す（二項対立の分裂）

↓

③それらを最初の二項対立の項に結びつけると、第三項的なその項が対立二項を兼ねる（媒介、第三レンマ）。

↓

④第三項の役割をすべての項が荷い、あらゆる対立二項についてどの項も「そこに原因が帰される」ものではなかったことが証明される（縮約、第四レンマ）。

て文化的である、という考えが出てくると、火にかけたけれど食べられない「煙草」というというものが出てきたり、火にかけないけれど食べられる「蜜」というものが出てきたりする。それが第三項を出していくというやり方ですよね。その第三項である煙草がまた、神話のなかで野豚の起源に絡んでくるとか。それで何をやろうとしているかというと、ぐるりとした一巡を作ろうとしている。それで、そういうことをすることによって、二項対立を解決しようとしているし、偏りができないようにしようとしている。

亀山：ええ、そうですね。分かります。

清水：それでやっていることは、複数の二項対立どうしのツイストのような操作なんですよ。ツイストすることで、「含むもの／含まれるもの」といった、イデアもそうでしたが原因にあたるとされるものが、自動的にどちらでもないという形で解かれる。だから、二項対立は最小で三つになるわけです。ツイストのために二種類と、「含むもの／含まれるもの」で三種類。しかも、その三番目のところでは、「原因は何なのか?」という意味でのテトラレンマが出てくる。つまりそれがどの項でもないということです。縁起の問題というのは、まさにそれなんだと思うんですね。離二辺の中道があって、それが解けるときには、「原因は何だったのか？」というところで、第四レンマが成立する。それを仏教は考えている。

だからこそ《十二支縁起》とか、《離二辺の中道》を、仏教は最初から考えているということが分かるんですが、なぜあそこまで複雑になるのかというと、それはもっと古い「野生の思考」にも遡るし、哲学的にそうなるからなんですよ。たとえば、こうした二項対立を複数操作するものとしてアクターネットワーク論を先に挙げましたが、あれは現在出てきたマイナーな考え方なのかと言うと、全然そうではないんですね。気がついてみると、科学技術社会論（ＳＴＳ）というような分野では、ほとんど覇権を握りつつあるんですよ。

亀山：アクターネットワークがですか？

清水：ええ、ＡＮＴが。それで、ラトゥールとミシェル・セールの学問的系譜が、パリ学派と呼ばれているみたいですね。科学は人間の社会的合意によって作っていくものだという社会構築学派、つまりエディンバラ学派と、逆にモノのエージェンシーを主張する側とで二大勢力みたいになっているんです。だから、サイエンスと哲学と人類学まで含めたものを融和する理論としては、ANTは、全然邪道でもなく……。

亀山：王道なんですね。

清水：そうです、王道なんですよ。「これは唯識じゃないか？」と先ほどまで言っていたものが、科学や技術のイノヴェーションのあり方を考察する社会学で広く王道化してきているんですね。

亀山：上七軒文庫にも何回か出てもらっている、僕の親族の自然科学者がいるんですが、彼はラトゥールが大好きで。彼自身の本職は生物学、構造生物化学らしいのですが、ラボをめぐるラトゥールの議論を全部押さえていて、研究対象がもつエージェンシーとか、すごくよく分かると言っているのですね。それは、もう本流でメイン・ストリームなんですか？

清水：結構メイン・ストリームですね。そちらの立場でなければ、人間集団がみなで社会的合意にもとづいて作ったものが科学の真理だ、という解釈を推していかないといけない。

師：それは社会構築主義と呼ばれるもの……。

清水：社会構築主義を推すしかない。むしろこちらが科学に対して懐疑的な、悪しき価値相対論だと批判されたものですね。複数のアクターが、科学の対象

＊23　ミシェル・セール『干渉　ヘルメスⅡ』豊田彰訳、法政大学出版局、一九八七年

を寄ってたかって作っているというのは、実際そうなのですが、対象の側の能動的な働きによるフィードバックループもある。そういう科学、サイエンスができてくる状況を考えないといけない。さらに言うと、そこでつくられた何かの、さまざまなアクターの働きの結節点になっていたものが、また他の結節点をつくるために動員されるということがある。『今日のアニミズム』でもこのような図（図6）を書いてみました。

もっと科学や技術の全体を見渡したモデルをつくろうと思ったら、こんな大きなネットワークを考えないといけないんです。これはむしろ、ラトゥールより前にセールが語っていたことですね。[*23] そうやって、結節点どうしが対象へのアプローチの捻った方法を動員しあって、無始無終で相互に干渉しあうものとして、諸学問の全体がある。こういう考え方をしたのは、古くはライプニッツだし、重々無尽のモナド世界として科学や技術もあるというわけです。

図6

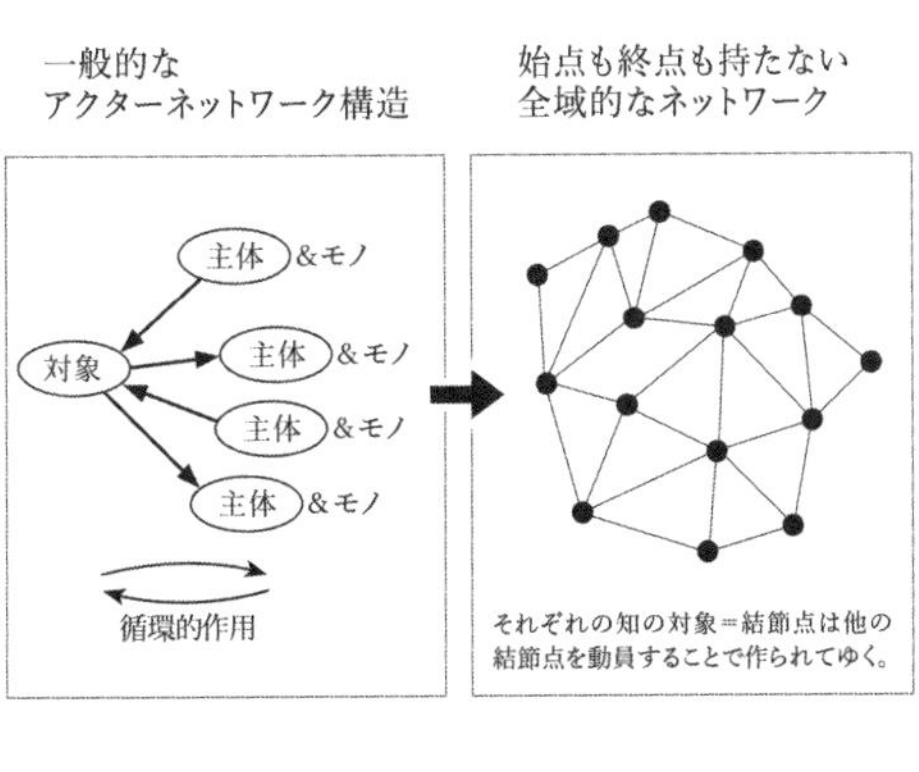

《縮約》としてのトライコトミー

亀山：もうひとつ僕は、人類学等のいわゆる実践的な例から見た時に、ブリコラージュの究極ってこれなのでは、とも思うんですよね。

清水：ブリコラージュ……、ようするに観念というものを、モノが体現するという考え方があるわけですよ、ライプニッツには。たとえば円錐曲線という「観念」があるとすると、円錐曲線の例をひとつひとつ挙げていっても無限に挙げられるので、「観念」を体現したことにはならない。円錐なら円錐というモノがあって、それを切断した断面の縁が円錐曲線であるとすると、そういうかたちで「観念」としてそのものがすべてを含んでいる。これは連続体合成の迷宮というライプニッツが長年悩んだ問題への彼の解決なんです。「観念」をボトムアップで考えるときりがないので、それを全体として含んでいるものに着目するというものです。具体物（質料）がイデア（形相）を含むということは、ライプニッツにおいてはそんな風に考えられている。そして科学というもの、あるいは世界というものは、具体物（質料）とイデア

（形相）が含み含まれる関係においてあり、そのなかで違う具体物（質料）や、違うイデア（形相）が次々手繰られていく、無始無終の巨大なネットワークとしてある。

ボトムアップ的発想というのは、はっきりとした起点のあるアトミズムです。そうではなくて、質料と形相が含み含まれるなかで、対象へのアプローチの方法の交換をする。たとえば、ピラミッドと杖の関係とか、ああいうものですね。ある時間にそれぞれの高さと影の長さが１：１の比になっているとか……。

亀山：それは、モノ同士が……。

清水：モノ同士が同じ形相性を共有しているし、同じ形相性によってアプローチできるものでもあるから、形相性を軸にしてみると、ピラミッドと杖という具体物がそれぞれ置き換えられる。杖の高さと影の長さの比が１：１なら、同じ時刻にピラミッドの影の長さを測ることで、その高さを測定できる。また逆に、ピラミッドや円錐という具体物からは、複数の形相性を切り取ってくることもできる。円錐曲線であれば、丸いものや、二次曲線で表現されるものといった風に、形相性としては微妙に違うものを切り取ることができる。ここには質料と形相、一と多という関係の組み合わせと、そのツイストがある。

世界にある何かは、その影を落とすピラミッドのように、みな他のものについても何らかの情報を与える形相性を含んでいて、それらが互いに互いを表出し合っている。ライプニッツのモナドロジーというのはそうした思想なんです。

亀山：そうそう。だから今なぜブリコラージュと思ったか、こういう議論を読んだ時になぜそう思ったかというのは、まさに先生がおっしゃるアトミズムとその裏返しとしてのモナドロジーの対比が、レヴィ＝ストロースが工場的思考、すなわち工場の中で原料から生産ラインで作られるものと、ありものの なかから何かを作っていくブリコラージュを対比していることとパラレルなんじゃないかと思ったからなんです。

清水：先の図（図6）のように、結節点的な焦点となるものが、他の複数の結節点を動員しながら別の焦点へと取り換えられ、移っていく。特定の始点なしに、対象が次々そんな風に作られていくというのは、まさにブリコラージュですね。ようするに、『神話論理』でもレヴィ＝ストロースは、物語を作っている関係と、その項の関係がフラットであるというのが、神話なんだと語っていた。それを神話公式というかたちで彼は表現したわけですよね。項が積み上がって関係ができるわけではない。だから、関係（構造）だけ残して項（素材）が変わっていくということも起こる。材料がありものになるというのもそうした現象です。

ボトムアップじゃなく、アトミズム的でないということ、そこからブリコラージュという不思議な対象制作も起こってきて、その究極がモナドロジーだというのは、面白い指摘ですね。

亀山：僕が今めちゃくちゃ興奮しているのは、レヴィ＝ストロースを研究するにあたっての一つの大きな問題は、『野生の思考』から『神話論理』への飛躍をどう理解するかということだと思うんですけれど、レヴィ＝ストロースが認識論から存在論へ行ったという解釈もありますね。だけど清水先生からすると、同じことを別の形でやりながら、認識論であり存在論でもあるところに触れていたということになる。

清水：やはりずっと一貫しているし、そこまでの射程があると思いますね。それでちょっと、さきほどエンペドクレスの話をした図を、さらにパルメニデスとプラトンの話で応用するともうひとつの図（図7）のようになるはずです。つまり、構造が見事に同じなんです。

「含むもの」、これはイデアですね。それと「含まれるもの」、つまり感性的で具体的なもの、これらの二項対立や乖離がある。このことが後期プラトンにおいては難問になった。そうすると、②「含むもの」「含まれるもの」の「様態」「属性」から、それぞれ「一なるもの」「多なるもの」という別の二項対立が導き出され、分裂する。これはエンペドクレスのときと同じセオリーです。それで③それらの二項対立を、他の二項対立――これはたとえば、「主体／対象」でも、意外に何でもいいんです。さきほど見たように、「質料／形相」という二項対立で考えたのがライプニッツです――の項に結びつけ、ツイストする操作をすると、第三項的なその項が対立二項を兼ねる。つまり、対象にして一であるとか、対象にして多であるとかいったことが考えられる。

それはまた、この二種の二項対立の四つのどの項についても言えることです。そうすると全体として、あらゆる対立二項についてどの項も「そこに原因が帰される」ものではなかったということが証明される。つまり、第三項の位置が一巡して、環を描いた《縮約》が出来てくるわけです。今思えば、

＊24 『ティマイオス／クリティアス』、岸身一郎訳、白澤社、二〇一五年

結局トライコトミーで何であそこまで構造を絞ろう、絞ろうとしていたかというと、《縮約》の運動を最短で一巡させたかったんですね。

師：なるほど。

清水：つまり、人類とともに古くからあった思想を最小単位でモデル化したかったんですね。

《相依性》は巡る

清水：もう一つ、例を出しましょう。プラトンの『ティマイオス』です（図8）。ぱっと読むと全く意味が分からないんですが、こんなことを語っている。「神は万有の身体を構築し始めたとき、これを火と土から作ろうとした。しかし二つのものは、第三のものなしにうまく結びつけることはできない*[24]」

亀山：ああ（笑）。

図7

①「含むもの」（イデア、「普遍」）「含まれるもの」（感性的なもの、「個別」）の二項対立がある（イデアが感性的な事物から離れてしまう）。

↓

②「含むもの」、「含まれるもの」の「様態」「属性」から、それぞれ「一なるもの」「多なるもの」という二項対立が導き出される。

↓

③それを「質料」、「形相」など他の二項対立の項に結びつけると、第三項的なその項が対立二項を兼ねる（媒介、第三レンマ）。

↓

④第三項の役割をすべての項が荷い、あらゆる対立二項についてどの項も「そこに原因が帰される」ものではなかったことが証明される（縮約、第四レンマ）。

清水：これ、そのまんまでしょ。「両者の中間でそれらを結びつける何か絆のようなものがなければならないからである」。こういう発想をするんですよ。全く「野生の思考」ですよね。

亀山・師：（笑）。

清水：「しかし絆のなかでもっとも立派な絆は、それが結びつけるものを自分自身ともっとも一つにするものであり、比例がそのことを本性上もっとも立派にやりとげる」。それで、そのあとに続いている文は、

「三つの数のうち、任意の立法数なり平方数なりの間にある中項があって、初項：中項が中項：末項に等しく、逆に末項：中項が中項：初項に等しいという関係が成りたっているとすると、このとき中項は初項にも末項にもなり、また末項と初項は両方とも中項になり、そのようにしてすべては必ず同じ関係になり、そうなればすべては一つであることになるからである」

これを、立法数とか平方数というのは大き過ぎるので、たとえば等比数列

図８　『ティマイオス』７

「神は万有の身体を構築し始めたとき、これを火と土から作ろうとした。しかし二つのものは、第三のものなしにうまく結びつけることはできない。両者の中間でそれらを結びつける何か絆のようなものがなければならないからである。しかし絆のなかでもっとも立派な絆は、それが結びつけるものを自分自身ともっとも一つにするものであり、比例がそのことを本性上もっとも立派にやりとげる。」

「三つの数のうち、任意の立方数なり平方数なりの間にある中項があって、初項：中項が中項：末項に等しく、逆に末項：中項が中項：初項にひとしいという関係が成りたっているとすると、このとき中項は初項にも末項にもなり、また末項と初項は両方とも中項になり、そのようにしてすべては必ず同じ関係になり、そうなればすべては一つであることになるからである。」

２、４、８、という等比数列でこれを説明すると

初項：中項が中項：末項に等しく
２：４＝４：８
逆に末項：中項が中項：初項に等しいなら
８：４＝４：２
そのとき中項は初項にも末項にもなり
４：８＝２：４
末項と初項はいずれも中項になる
４：２＝８：４

2、4、8で説明すると、「初項：中項が中項：末項に等しい。」これは、2：4＝4：8ということですね。「逆に末項：中項が中項：初項に等しい」というのは、8：4＝4：2。確かに同じですね。「このとき中項は初項にも末項にもなり」これも、なっていますよね（4：8＝2：4）。それで、「末項と初項はいずれも中項になる」（4：2＝8：4）。これが今語られていたわけです。

これは一巡させていく「野生の思考」そのものなわけですよ（笑）。

亀山：これ、レヴィ＝ストロースの『神話論理』だと、ジャガーと何かが対立しているとか、その対立を兼ねた第三項が出てきたり、またその第三項に対立するものがでてきたりして…。結局、それらの構造が閉じるんですよね。神話っていうのは。

清水：環を描いて閉じる。まさにそう。そうすることによって、無限に第三項が繰り延べられていくというだけではない論理が作られるんです。

亀山：そうすることがまた還元主義の、乗り越えにもなるのか。

清水：乗り越えられるわけです。縁起について語ったところで、吉蔵が他の原因によって結果が招来するというだけの考えだと、縁起が無窮（むぐう）になる（原因の無限遡行になる）から駄目だと言っていますが、それと一緒なんですよ。

師：結局、無因になるから駄目だとも言ってますね（図9）。

清水：ある結果が、他のなんらかの原因から生じると言ってしまうと、そうした他因は無限遡行になるからいけない。吉蔵はこれを、「無窮になる」と言って拒絶した。なので、なんらかのものに自性がある（自己原因である）というと、縁がいらなくなって、無因論になると。だから、縁起が無窮にならないためには、縮約が生まれないといけない。こうした縮約をもっともシンプルに定義して、Aと非Aだけで作ってしまったのが、仏教で言う「相依性（そうえしょう）」ですね。「Aがあるから非Aがある、非AがあるからAがある」「Aがないから非Aがない、非AがないからAがない」……。

亀山：『今日のアニミズム』の、ナーガールジュナの解釈で出てきたものですね。

清水：そうです、絶対こういうことをやってるはずなんです。それともう一つ、『ティマイオス』のなかで、プラトンは三通りに現象世界が分かれるとも言ってますね――「イデアそのも

図9　『三論玄義』における『中論』の解釈

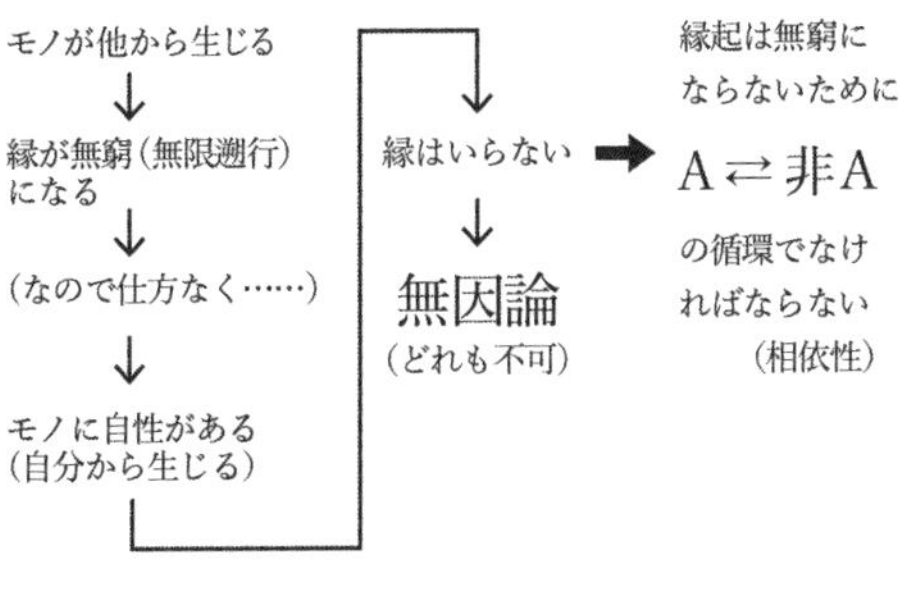

モノが他から生じる
縁が無窮（無限遡行）になる
（なので仕方なく……）
モノに自性がある（自分から生じる）
縁はいらない
無因論
（どれも不可）
縁起は無窮にならないために
A ⇄ 非A
の循環でなければならない
（相依性）

の」と「生滅の世界」がある。さらにその「生滅が起こる場所」というのがあって、この「生滅の起こる場所」というのは、イデア（形相性）を受容するもっと抽象的な土台として出てくるものです。「場所」（コーラ）というものですね。ようするに、原因やそれがどこにあるのかという話が出てくる前に、生滅の世界、第三レンマの世界を一回経由するわけですよ。仏教でも、第三レンマの世界を、生じていく方と、滅していく方とで両方やってますよね。十二支縁起で。

亀山・師：うんうん。

清水：順観と逆観（還滅門）があって、その操作を挟むと、ちょうど一巡して縮約が生まれ、おそらくこの論理は相依性になるようにできているんですよ。

亀山：なるほど。いや、それは本当に読んでいて「おおっ」と思いましたね。

清水：『野生の思考』を完全に、一番ミニマムに表現しようとすると、相依性になるんですよ。これを、ヨーロッパのギリシャから後は、先に述べた二重性の論理で解決しようとして、閉じない形をつくったと、そんな風に僕は考えていますね。

時は「流れ」ない

師：こういうものを見るとね。やっぱり唯識の阿頼耶識縁起もやっぱりそうなんですよね。循環をつくっておいて、それが同時に起きるということを論証する。さっきの図でいうと上から下への書き換えみたいな、そうした関係を相依性的に循環させることが縁起なんです（図10）。これは阿頼耶識の説明でよく出てきますが、「恒に転ずること暴流の如し」という表現があります。流れと書いてあるから、左から右にとか、上から下に、なにか時系列的に流れていくのかなと想像しがちなんですけど、『成唯識論』という文献を見ると、ひたすら流れることを拒否するんですよ。流れるんじゃなくて、その場で、言ってみれば全体の書き換えが起きるということをずーっと語っているんです。

亀山：「書き換え」というのは、師先生が唯識を語るとき

図 10　「同時」の問題　恒転如暴流

アーラヤ識は「恒に転ずること暴流の如し」
・瀑流が、水の下では魚を、上では水草などを漂わせ、流れにまかせても見放さないように、この識も同様である。内側の残気（習気）と外気の接触（触）等の法（ダルマ）とが、常に相互に引き起こし（随転）あうのである。（『成唯識論』）

のキーワードですよね。

師：そう。だから世界の中の行為、さっきのネットワークみたいななかで起きている行為で、誰かが何かをすると世界全体がいっぺんに書き変わるという。

亀山：波及していく。

師：波及ではないですね。いっぺんに書き換わる。だって同時なんだから。

亀山：そうか。波及と言ったら、段々ですもんね。

師：そうそう。実際には、われわれの日常的な感覚では、段々と影響が浸透していくのかもしれないけれども、誰かの行為やモノの変化は、それが全ての世界の部分であり全体でもあるので、それらがいっぺんに書き換わってしまうという主張をする。その変化を流れと言っておきながら、むしろ延々と循環的な同時性の話をしようとするんですよね。たとえばそのことを「暴流」というのは流れているという意味ではなくて水の下と上の話なんだという風に表現したりするわけです。河がその水上に水草を漂わせ、流れにまかせていても見放さないように、また水の下では魚が泳いでいるように、それと同じで、流れつまり変化の、内と外というものが同時にそうした変化を支えているのだという、そういう言い方をする。これが最初は何のことかよく分からなかったんですよね。流れと言っているのだから流れているんだろうって思っていたんです。流れと言うんだから、流れ去っていく河というのを想像するじゃないですか。

亀山：ストリームですね。

師：ええ、ストリームを想像しちゃうんですけど、まさに相互循環みたいなもののことを「暴流」と呼んでいるんです。

亀山：暴流すなわち相依性ですね。

清水：つまり、世界の創造というものの極点にさっきのネットワークの結節点のひとつひとつがなるということを考えると、そういう関係にならざるを得ない。

師：そうなんです。

清水：それを暴流の如き変化を挟んで、なおもその上と下にある相依性として捉えている。で、それはまあ「業」のレベルで語っているということですよね。

亀山：ああ、そうか。業のレベル。

師：まさにこれは、業の話ですね。

清水：その業が肥大、増大するというのも、先程の交差交換的な含み、含まれる関係によって、二項対立を上手にまわしていって、具体的対象（質料性）も替えていくし、イデア（形相性）も替えていくという形をつくれば、それは執着の世界じゃないわけですよね。だから倫理的にも、実践的な修行とかそういう形でも、仏教はそれを可視化しようとしてきたわけですよ。

師：それでね、この暴流は止められるというのが多分仏教の考え方で、つまり還滅門ですけど、この相互の書き換えのようなものを逆回しする――、逆回しという言い方はすこし変なんですが、増大とは逆の方向に持っていけば、存在が消滅するんです。存在というものがそもそも、こうやって相互に書き換えられているものを存在と呼んでいて、この世界にあるものは、そうしたものなのだから。それをこの世界からなくしてしまうためにどうすればいいかと言ったら、その相互書き換えのプロセスを止める方法を見つけてしまえばいい。

清水：うん。なるほどね。

師：まあ、それを身体的に見つけたのがブッダなんでしょうけどね。

亀山：みんなめっちゃ頭ええ（笑）。頭ええ奴しかいてないじゃないですか（笑）。

清水：いやまあ（笑）。それは一万年にひとりの天才なんで。

《流出論》を超えて

師：縁起というものが、少なくとも縁起の中の一部に関しては『今日のアニミズム』とこの対話でかなりクリアになったという気がします。

亀山：そうですね。これを読めばいいですね。

師：かつ、やっぱり還滅門に注目されたというのが清水先生の、私が良いというのも何か偉そうですけど、非常に重要なポイントだと思うんです。十二支縁起というのは無明から始まって、行、識、名色と続いて、最後に生、老死、と十二個のものが続いていて、さっきの暴流ではないけれども一見したところ直線的なんですよ。

亀山：そうですね。

師：それを逆回しするのだから、生、老死の原因はこれで、何とかの原因は

これで、何とかの原因はこれで……、そして最初に根本的な無知（無明）というものに辿り着いて、「あ、なるほど。根本的な無知が駄目なんだ」という。

清水・亀山：（爆）。

師：「俺、分かった！」という感じになりがちなんだけれど、実はそうじゃない。

亀山：そうですね。

清水：あれも、循環なんですよね。循環を逆回しする。

師：でも、一見まっすぐな十二支縁起を見て、これが循環だと察するのは結構難しいことは難しいですね。

清水：だから『今日のアニミズム』でそのあたりを書いている時も、すごく気を遣っていましたね。

師：そう思いました。

亀山：逆に、ある時代まで仏教者の多くも、それを意識していたのか、分かっていたのかというと怪しいですね。

師：いや、やっぱり普通にまっすぐなんだと捉えた人たちはいたし、いますよ。心の働きも、さっき話したような二項の組み合わせで実は起きていると考えるのではなくて、やっぱり普通に時間の系列で、だーっと流れていると考えていた人もいるし、それに対して「いや、それは違うだろう」と指摘したのがナーガールジュナだった。「それだと絶対おかしくなる」ということを『中論』で論じている。なので仏教の全部が全部、変化というものを直線的に捉えていたわけではないんですが……。

亀山：閉じた体系というか、輪っかみたいなものをつくるという問題についてですが、上七軒文庫でずっとやっている「思想から考える日本仏教の歴史」という講義のなかで、僕は相も変わらず安然の話をよくさせてもらっていて。今日この『今日のアニミズム』から、今ここまで清水先生の話をうかがっていて思うのは、日本仏教において空海以降、安然のような密教僧たちが何とか言葉にしようとしていた真理の世界は、やっぱりこの循環、閉じた真理なんですよね。還元されない……。

清水：縮約をつくる……。

亀山：そう、縮約モデルをつくる。逆にそれがないのが『大乗起信論』なんですよね。あれは心、真如っていうものが、ひとつの源みたいなものとして常にあって、そこから何かが出てくるということを言うんですけど、そのあいだが……。

清水：流出論になっている。

師：一元論で井筒俊彦的というか。

亀山：安然の著作を読むと、むしろ不変の真如という存在は、流出を否定するものであって、流出自体は低いレベルの事象でしかない。その上にあるものとして「真如そのものの私」と「真如」のあいだの、閉じた環のようなものをずーっと何とかして言葉にしようとしている、という風に解釈出来るんだろうと僕は思っているんです。一方的に、生む側の「真如」、衆生心（『大乗起信論』[*25]に言う、衆生を救おうとする心）の真如というものがあって、生まれる「心」がある。生まれる対象は、真如から出ていくだけの関係であるというのが『起信論』なんだとすると、安然らは生み出されたはずのものたちも全部、あたかも「真如」とのあいだに循環的な作用を持つアクターであるかのように、統合して考えていて、それらも「真如」的なものになるという……。

清水：そういう面が日本では次第に強調されていったと。でも明らかに空海

＊25 『大乗起信論』宇井伯寿・高崎直道訳、岩波書店、一九九四年

ね。

も、音素の話をしてるし、エンペドクレスの話でも出てきた四大元素に識大や空大をつけるというのも、絶対にあれは一巡させようとしているんですよね。

亀山：そうなんですよ。ただ、やっぱり日本仏教の、とくに密教思想の研究では、やっぱり流出論はかなり根強い主張で、しかもそれは完全な間違いでもないんですよね。空海もまだそこまで徹底してないんで。やや流出論的なところがあって、安然以降のほうがむしろ徹底して、還元主義の裏返しとしての流出論を否定していくところがありますね。

清水：空海は、結局僕は『声字実相義』[*26]から入るしかないかなと思っているんです。

亀山：ああ、そうですねえ。

清水：あれが一番華厳に近いんじゃないか。『即身成仏義』[*27]などもあるけれども『声字実相義』には、「内外（ないげ）の色（しき）は互いに依正（えしょう）にして」、内と外という形で相互包摂を語っているところがある。ああいうのは一元論ではなく、二項対立を経由した縮約を作ったうえでの多元論になっている。

亀山：僕としては、安然の『教時問答』[*28]とかも読んでほしいんですけど、完

*26　空海『定本　弘法大師全集』第三巻、高野山大学密教文化研究所、一九九四年に所収

*27　注25に同じ。

*28　部分的な現代語訳は以下を参照。『大乗仏典　中国・日本篇〈第19巻〉安然・源信』末木文美士訳、中央公論新社、一九九一年

全な現代語訳がまだないんですね（笑）。でもおっしゃる通りで、『声字実相義』が重要なのと、あと『即身成仏義』にも、六大の話が出てきます。六大は「生む主体」と考えられがちなんですけれど、空海はさらっと、「でも本当は、能所（能生と所生）、つまり生むとか生まれるの別はないんだけどね（「能・所の二生有りといえども、すべて能所を絶せり」）」と書いていて、あれを読む人はみんなそこをスルーするんですよ。だけど本当は空海が密号と言って、弟子たちに秘密の言葉で伝えようとしているのは、そこなんですよね、むしろ（「能・所等の名は、皆これ密号なり」）。一応、六大というものがあって、それをベースに世界のなり立ちを説明するけれど、でも究極的には能生・所生は一方的にあるのではないというのが、深い教えなんです。

清水：結局四大元素というのも、いわゆる主語的なものではないですよね。だから能生というような形で立てるものじゃないですね。アトム的元素ではないので。

亀山：空海の著作に関して、今、最新の研究で言われていることを踏まえると、やはり奈良のお坊さんたちに密教とは何かを分かりやすく説明する必要があったから、割とそうしたアトム的な、いわゆる古い真如論的な説明をするんですけれど、空海自身は結局、清水先生が仰っている縮約というものを組み込んだ、「真理」と「われわれ」のあいだの循環関係みたいなものをおそらく考えていて、それこそが本当に言いたかったことなんじゃないかと思うんです。

清水：シンボリズム。なんだけれど、縮約。

亀山：だから、シンボリズムとかはおそらく、それを修行者たちが直観的に理解する媒介なんですよね。

仏教は《超論理》ではない

清水：神話論理というのは、ある意味で焦ってるんですよね。完全にすべてを自然言語で説明して、それが「開いたまま」の、未完の論理にならないようにしないといけない。ようするに世界に複雑な意味づけを与え、あらゆるものを弁別するということの自在性をまず得たいわけなんです。だからああいう構造をつくってくる。レヴィ＝ストロースはラヴェルの「ボレロ」を例にあげていますが、あの曲も、膨らむだけ膨らんで、環を描くように収束してくる——同じところに戻ってくるという。そういう形をやはりつくろうとしているんだと思いますね。

師：なおかつ重要なのは『モア・ザン・ヒューマン』でも言っていますけど、ようするにナーガールジュナのテトラレンマ、四句分別みたいなものは、ある種の神秘主義であると捉えられている面がある。空海にもそういうところがありますね。吉蔵はどうか分からないですが。まあ、吉蔵は実はあんまり読者がいないという問題があって……。

清水：（笑）。

亀山：最大の問題として、みんな吉蔵に興味がない。

清水：僕は、『三論玄義』を読んで、「吉蔵すごい天才。これは三百年にひとりくらいの天才！」って思ったんですよ。

師・亀山：（爆）。

師：ナーガールジュナのこういった込み入った議論が、それこそ脱構築理論と結びつけられるともはや閉じるつもりがないような形で、とにかく「解体、解体、解体、解体」ということを目的としたものとして「空」を捉えようとするんですが、今回の清水先生の最大の貢献のひとつは、「いや、分かるじゃないか」という立場を出してきたことですよね。いや、まだ一般には分かりにくいかもしれないんだけれども。『今日のアニミズム』を読んだら今の話は全部分かるので。

亀山：あとは読むしかない。

師：そうそう。さっきの、インドの論理学書に書いてあるような超絶謎な、初項が中項に、というインド人が書きそうな文章も……。

清水：『ティマイオス』ですね。

師：あれ、分かるよね？

亀山：めっちゃ分かります。

師：重要なのは変な神秘主義にならずにちゃんと、少なくとも理性的というかロジカルなものとして、仏教のこうした議論が説明可能であるということを示したというのは、やはり学術的にも学問的にもきわめて大きな貢献のような気がしていて……。

亀山：めっちゃでかいと思いますね。

師：あえて言えばロジックが分かればちゃんと分かる。そんなに死ぬほど難しくて意味が分からないというんじゃなくて、むしろスッキリして「おお！」というのがある。

亀山：あとね、読み方というのも多分あって、これはまず一回、共著者の奥野先生との対談も含めながら読んでそれを頭に入れて、もう一回戻って読むともうすーっと全部「見えた」という感じになる。

師：ようするにレヴィ＝ストロースの言葉で言うと「構造」をつくってみせたというのが大きかった。

亀山：そうですね。「構造」という言葉も、ちょっと別の言い方をしたほうがいいかもしれないですね。構造というとやはり、何か還元できる土台のような意味に捉えられがちだから。

清水：その点でみんな、構造についてのレヴィ＝ストロースの考え方を構造言語学のソシュールの発想と混同してしまっているんですよね。ソシュールの『一般言語学講義』[*29]は弟子がまとめたもので、経済学のモデルの影響が強いわけですよ。つまり、経済学で言うところの価値形態論ですよね。貨幣を媒介にして、ある商品と別の商品がすべて間接的に交換できるものとして、共時的にあるのが商品の価値形態と呼ばれるものです。時間が経つと、細かい物価の変動によって通時軸でみるとこの形態は変わるんだけれども、共時

＊29 フェルディナン・ド・ソシュール『新訳ソシュール 一般言語学講義』町田健訳、研究社、二〇一六年

的には一挙に示差性が体系として与えられる。

亀山：はい、そうですね。

清水：レヴィ＝ストロースはそんな風にはなっていないですね。それこそボレロのように二項対立の第三項がぐるぐる動いて一巡して戻ってくる。比喩として、風船をいっぱい手で抱えて、全部が反発しあっているんだけれど、一つに纏まっているようなものが示差的体系だとソシュールの構造概念は言われていましたが、まったくそんなものじゃないですね。こうした意味での「構造」を語ると、もっと通時的な軸によって差異化しないと駄目だという議論が必ずでてきて、それを言ったのがポスト構造主義でもあったわけです。でも、レヴィ＝ストロースが直観していた「構造」には、もっと深いものがあったんですよね。

主語性から属性へ

清水：実は、一巡させる論理の一番シンプルな形をレヴィ＝ストロースも出しているんですよ。これ（図11）は数学的に言うと「クラインの四元群」

というもので、二種類の二項対立を組み合わせるものです。――ここでは分かりやすく二項対立を、色が白か黒か、形が四角か丸かという風にしますが、これらの組み合わせが一巡する構造を表わしているんですね。この場合、黒くて四角いもの、四角くて白いもの、という風に「四角」を軸にして見ると、「白」と「黒」という反対の性質を兼ねることになる。つまり第三項なわけですね。しかしたとえば「白」を軸にしてみると、白くて丸いもの、白くて四角いもの、という風に「丸」と「四角」という反対の性質を兼ねる。やはりこれも第三項で、「白」「黒」「丸」「四角」はそのいずれもが二項対立の第三項の位置を占め、その役割が一巡することになります。レヴィ＝ストロースは、『神話論理』では非常に複雑な議論を展開しているけれども、『親族の基本構造』の頃には、もっとこうした一巡、縮約のミニマムなモデルを出しています。

　こういう、有名な図（図12）がありますね。レヴィ＝ストロースは、オーストラリア先住民のカリエラの婚姻規定が「クラインの四元群」と同じ構造を持っていることに気づいたんです。これをさらにフランス人に分かりやすいように、パリとボルドーという地域の二項、デュラン家とデュポン家と

図 11　クラインの四元群

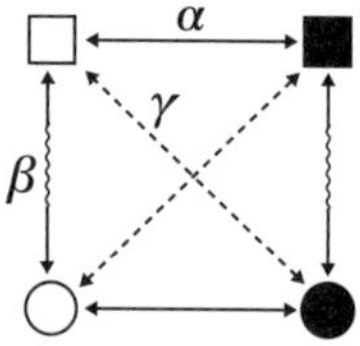

α：色を変える
β：形を変える
γ：α・β（色も形も変える）

いう家の二項の組み合わせで説明したのがこの図です。——ここにはパリのデュラン家というものがある、このとき結婚すると父方の土地に住み、姓は母方の家系からもらうという規則があるとすると、ボルドーのデュランという女がパリのデュポンの男に嫁ぐと、その子はパリのデュランになる、またパリのデュポンという娘がボルドーのデュランと結婚すると、その子はボルドーに住み、姓はデュポンになるわけですね。こういうふうに回っていて、婚姻関係は点線で表わされる。αという矢印が母と子。波線βが父と子の関係という風になっています。

基本的には、これがまさにトライコトミーの形なんですよ。二項対立を兼ねる第三項、第三レンマにすべての項がなっていて、どちらかに偏する構造にはなっていない。それを言った時点で、原因として「含むもの／含まれるもの」の二項対立も解けてしまう。その三種の二項対立がミニマムな縮約なんです。

もうお分かりでしょうが、こういう構造というのは、「ニワトリの突き合い序列」(picking order) というものとも同じですね。この図（図13）のようにAがBをつつき、BがCをつつき、CがDをつついて、DがAをつつく、と

図 12　カリエラ型婚姻規定

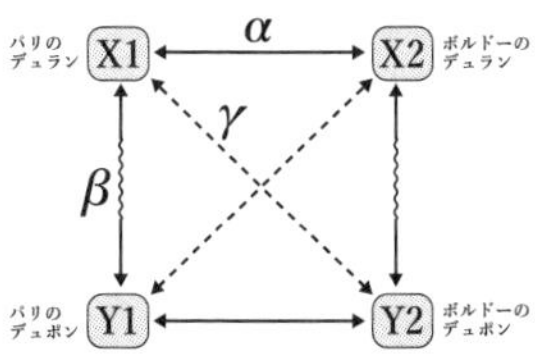

α：母と子の関係（居住集団が変わる）
β：父と子の関係（母系集団が変わる）
γ：婚姻関係（両方とも異なる）

いった具合に、ニワトリが突き合うことがある。――神話の構造というのはまさにそんな風になるということを、レヴィ＝ストロースは言っていますよね。そうした操作なんです。二項対立の二項を、それらの二重性で解くというやり方だと、この図のたとえば上と下だけをワンオペレーションで入れ替えているだけなので、まだ相関的なんです。それぞれの項を、他の項に一方的に還元されない（含まれない）ものとして、完全に分離出来ないんです。だからそれを分離するために、ツイストするべきなんですよ。

師：まさにこれツイストしてますよね。

清水：それで、このようにツイストしたときに、ようやくその項自体の、本来の性質も出てくるだろうと思っているんです。アニミズム的自然というのはまさにそういうものだろうという風に思っているんですね。

師：実はここまでの話、まだアニミズムという言葉が出てこなかった。

亀山：全部アニミズムの話なのに。

師：そうそう。全部アニミズムの話をしているんだけど、「これが、アニミズムなんだ！」という仕組みを言いたいのが、この『今日のアニミズム』なんです。

図 13

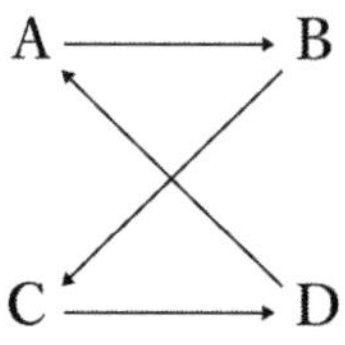

ニワトリの「突き合い序列(picking order)」のように、第三項の位置は入れ替わる。それが「縮約」を生む。

清水：そうなんですよ。

師：ようやく来た（笑）。

亀山：ここに来る前に『親族の基本構造』[*30]のお話が出ましたが、あれは社会のなかでの婚姻関係とタブーの話ですけど、婚姻の社会関係を、今のポリティカル・コレクトネスからいうと相応しくないですが、女性の交換の体系として捉え、そこからタブーの問題などを再解釈していったものですよね。レヴィ＝ストロースがあのなかで示そうとした婚姻の体系、婚姻関係が結ばれていく過程も、複雑に交換に交換を重ねて、最終的には綺麗に閉じているという。

清水：見ていくと非常に複雑なようなんですが、すべての項が、別の二項対立の二つの項の性質を兼ねた第三項になり、それが一巡するという、「クラインの四元群」の構造でモデル化できると。そしてそれを、神話の構造、オペレーターとしての神話素の無意識の操作のうちに見出しているのが、『神話論理』ですね。「蜜」が出てきたり、「煙草」が出てきたり……。あれはもう、本当に複雑で収拾がつかないんですけれども。

師：いや、そうしたものも結局、仏教の話に置き換えれば、たとえば『中論』の第二章の話なんかになると思うんですけれども。

*30　クロード・レヴィ＝ストロース『親族の基本構造』福井和美訳、青弓社、二〇〇〇年

清水：そう、何らかの様態や属性に対して、それが属する主語を立てて納得してしまうと、駄目なんですよ。そんな風に主語を立てて、そういう主語があるから当然そういう様態なのだ、とその様態の原因を主語の側に帰してしまうのは、項に自性（自己原因性）があるということを認めて、そこからボトムアップで考えることになるので。逆にこの自性がないということが、無自性で「空」ということなんです。

師：そうそう。だからその主語性を様態や述語の話に持っていって……。で、その述語というのはダルマ（属性）なんですよ、さっきから話にあがっている。対立する属性と属性、ようするに項と項の「書き換え」というものを導入していかないといけない。そして導入しないと、絶対行き詰まってしまうということを指摘しているのが、「八不」であったり、『中論』であったりする。そんなことをを話していたのが『モア・ザン・ヒューマン』でしたね。

清水：結局、『中論』では四句分別を出しているんだけれど、それらを全部否定していくという例がほとんどなんですね。あれは、主語的に立てられたものについて四句分別を出しているというのが良くない。普遍的な構造そのものとして語るのなら、四種類でいいだろうということで、ナーガールジュナは「八不」というものに絞ったわけです。テトラレンマと言いながら、なんでそういう区別をするのかということを、最初にものすごく疑問に思ったのが、『中論』にのめり込んでいったきっかけなんですね。

師：ナーガールジュナというのは、ニヒリストだと言われているわけです。つまり、否定ばっかりしていると思われているんですが、実は否定が入ってこないとそもそも二項対立が出てこない、Aがあったら非Aを持ってこないと二項対立を作れないので、否定は絶対出てこざるを得ないわけです。でもそこで、すべてがないと言っているわけでは全然なくて、釈尊が語った縁起というのはこうやって説明できるんだと言おうとしているのがナーガールジュナなんです。清水先生風に言うと、主語化してしまっているものが駄目なので、その、属性のほうの書き換えを複数用意して、それらが循環する構造をつくっておけば、きちんと縁起というものを説明できるじゃないか、というもの。――だからそれは否定ではないんですよ。ようするに無限の否定とか、無限の脱構築とかいったものではまったくないんです。

亀山：それはさっきの、固定化された二元論のようなものを前提とするなら、そうなってしまうけど、そんな話は一言もしてないですし。

清水：確かにしてないですね。

師：それで、無限に後退するとか、無限の否定とかが嫌いな人たちが何をするかと言うと、ストップポイントを置いて、それを「真如」だと言ってしまう。それか逆を言えば、究極のなんでも受け止めてくれるストップポイントというか、最後の受け皿みたいなものをつくって、これさえあれば全部説明できるとしてしまうような仏教的な一元論になってしまう。井筒俊彦先生の仏教理解などもそこに帰着してしまうんです。「空」というのはそういうものだと捉えてしまうんだけど、そう解釈してしまうと、結局説明しているようで、まったく説明になってないんですね。

清水：超論理になるわけですね。

師：そうそう、超論理。そうすると神秘主義になっていって。

清水：あらゆる二項対立の、分節以前ということを語り始めて、ようするに二元論を「一」で解いてしまう。そうすると大体、「多」という問題が宿題のように残ってきて、というのがあるんですね。はやめにねじ込んでおかないといけない根源的な二項対立を後回しにしたおかげで、それが閉じた環に収まらなくなってくる。それは、ポストモダンの終わらない相対主義と同じなんです。

亀山：ああ、なるほど。

師：そうそう。そしてそのことがメイヤスーが否定した相関主義というものではないかなという気がしますけど。本当にメイヤスーって『有限性の後で』を読むと、吉蔵ですよ。

清水：無窮を忌避した吉蔵は、メイヤスーが懐疑論的相対主義を否定したのにも通じると……。メイヤスーは日本語訳だと、なぜかちょうど五〇頁と一〇〇頁が大事なんですよ。

師：はは、そうなんですか。

清水：重要部分が分かりやすい（笑）。その一〇〇頁あたりのところで、人類未生以前の話から、自分の死後の話を始めるんです。——それで、自分の死後の生はあるとか、ないとか、ありかつないみたいな第三レンマ的な相対主義が順に出てくる。そして最後に第四レンマ的なものが端的に出てきて、それが思弁的哲学者だっていうロジックなんですね。

亀山：おまえ、三論宗やんけ……。

師：はっはっはっ。

清水：本当にそうで「あ、これナーガールジュナだ」と思いながら読んでたんですよね。ハーマンも、どうも仏教に近いし……。

亀山：ハーマンは、僕はやっぱり密教の研究をしているので、そっちにどうしても引き寄せてしまうんですけれど。モノを、それ自体を構成する内部的関係に還元する下方還元（undermine）と、外部的関係に還元する上方還元（overmine）という二種類の還元主義を排して、モノそのものを見いだそうとすることは、ある意味でこれは密教が「即事而真（そくじにしん）」という言葉で語ろうとしているものにすごく近いなと。

清水：仏教と非常に近いし、ハーマンは薪と火の比喩みたいなこと言うんですよ。ナーガールジュナが『中論』の第十章で語っているのとそっくりな。イスラム経由でこうした比喩が伝わったものを援用しているというんですが、ハーマン自身、僕は人種的にどうなんだろうかとも思うんです。明らかに、ハーマンは写真で見ると、インド人とかに見える。実際どうか分からないんですが、スティーブ・ジョブズなどにもシリアの血が流れているように、やはり多様なルーツを持っている可能性はありますね。

亀山：バックグラウンドとしてそういうものがあるかも知れないということ

ですね。なるほど。

五支論証とアブダクション

清水：因明（インド論理学）研究の師さんがおられるので釈迦に説法なんですが、インドの論理学について、少しお話ししたいと思います（図14）。『ニヤーヤ・スートラ』などには、「五支論証」という独特のロジックが説かれている。仏教の論理学者にはディグナーガ（陳那）とか、いろいろな人がいますよね。ディグナーガはこの図の「五支」の最後の二つを取ってしまったんですが、僕はむしろこの元の「五支論証」のほうがすごいな、と思っているんです。それで、このロジックを見ると、ここからテトラレンマが出てくるのが分かるんですよ。

このインドのロジックというのは、先ほども触れたように、ものの属性というところを問題にするんですよね。それで最初に、①論証されるものを述べることをまず「提案」という。これは例えば、「pは性質Bを持つ」というようなもの。それで続く②の「理由」は、「性質Aを持つから」といったもので、こういう場合、「性質Aに性質Bが随伴している」とインドの論理学では考えるわけですね。

師：そうですね。

清水：その「随伴」が具体例で示されると、それが③の「喩例（ゆれい）」と呼ばれるものですね。「性質Aを持つ実例dは性質Bを持つ」。これは実物ベースでインド人は考えるから、いわゆる普遍じゃなく実例を出してくるわけです。でもこれもダルマとダルミン、具体物と属性が分裂しないようなモデルが模索されるから、同じことなんですけど。――そうすると、ここでさらに④の「適用」ということが行なわれて、「主題pも性質Aを持つ」、そんなことが言われる。「随伴」の発想から、⑤の「結論」はこんな風になります。「ゆえに、主題pは性質Aを持つから、性質Bを持つ」。こういうのが、「五支論証」です。もう一つそれに加えて、インド人は否定的随伴（排除）というものについても考えるんですよね（図15）。①の「提案」「主題pは性質Bを持つ」、②「理由」の「性質Aを持つから」は、

図14　五支論証（『ニヤーヤ・スートラ』による）「随伴（アンヴィヤ）」の例

①「提案」論証されるべきことを述べる。
主題pは性質Bを持つ
②「理由」
性質Aを持つから
③「喩例」
性質Aを持つ実例dは性質Bを持つ
④「適用」
主題pも性質Aを持つ
⑤「結論」
ゆえに、主題pは性質Aを持つから、性質Bを持つ

さっきと同じですね。ところが ここで違った③「喩例」を出してくる。それが「性質Aを持たない実例dは性質Bを持たない」というものです。そして④「適用」では、「主題pは性質Aを持たないことはない」ということが述べられ、⑤「結論」として「ゆえに、主題pは性質Aを持つから、性質Bを持つ」という見解が導かれるわけです。――この場合、「Aを持たない実例 not d は性質Bを持たない」ということで、同じ結論になるわけなんですが、僕はこれは不思議な考え方だなあと思うんですよ。

師：いや、本当にそうですよね。

清水：もともと排中律が成立する対象じゃないものに対して、あえて排中律的な状況を考えている。これは、二項対立を無理矢理つくってるんですよね。

そう言えたらいいだろう、ということなんですよ。面白いなあと思いますね。このインド人のロジックを、帰納法であるという風に説明する因明研究の方がいるんですが、欧米の学者で

図15　五支論証（『ニヤーヤ・スートラ』による）
「否定的随伴（ヴィヤティレーカ）」の例

①「提案」論証されるべきことを述べる。
主題pは性質Bを持つ
②「理由」
性質Aを持つから
③「喩例」
性質Aを持たない実例dは性質Bを持たない
④「適用」
主題pは性質Aを持たないことはない
⑤「結論」
ゆえに、主題pは性質Aを持つから、性質Bを持つ

何十年も前にそういうこと言った人がいるから、それに引きずられているところもあると思うんですが、これは明らかに、推論の形式としてはパース的なアブダクションですよ（図16）。

ここでパースのアブダクションを、念のためおさらいすると、それは演繹でも帰納でもない、しかし日常的にわれわれが用いているという推論形式で、こんなものです。最初、たとえば「家から煙が出ている」のだとします。これは、イコン（icon）と呼ばれるものですね。ここで敢えてインドの論理学と混ぜますが、これはなにかの事象が起こっている目印、インドでリンガと呼ぶものですね。そうするとそこから推論が、「家xから煙が出ているなら火事である」というところに進む。「煙が出る」と「火事」という二つの事象が……。

師：随伴するんだ。

清水：そう、随伴するわけです。これはインデックス（index）と呼ばれるもので、パースに言わせればこれが推論の第二段階です。それで最後に、「家aは火事である。」という推論が導かれる。これは家まで近づいて確認するとか、能動的にアプローチすることを含めて、そうした結論にたどり着く。

第三段階のシンボル（symbol）と呼ばれるものですが、インド風に言えば「適用」です。僕が興味深く思ったのは、インドの論理学はこの「適用」を行なう場合に、それが肯定される場合と、否定される場合の両方を可能性として残しているんですね。この場合、否定というのは否定的排除の否定じゃないですね。これがすごく面白い。インドの論理学は、可謬性を認めているんです。

師：そうですね。まさにそうです。

清水：これは明らかにアブダクションなんですよ。帰納法は、こういう結果があって、それに対して事実としてこういうものがある、ということから法則を導くもの。たとえば豆があって「この豆は白い」という場合に、さらに「この豆は、この袋からこぼれたものだ」という事実が確認される。そうすると、「この袋の中の豆は白い」と、いくつかのサンプルから法則性が導かれる。これが帰納であって、たとえば「この家は燃えている」は別に法則性を導いているわけではないですよね。インドのロジックもそうじゃないですか。

師：ええ。そうですね。ある事例がこうであるという結論を出しているだけです。

清水：そして可謬性がある。だから間違いなくアブダクションなんです。アブダクションよりも、もっと進んでいるかもしれない。どうしたら推論が失敗したことになるかという定義が詳しく定められているとか。――もうひとつの例を出しますね（図17）、たとえばまず「雨雲が出ている」。これはイコンですね。そして「雨雲が出ているなら雨が降る」。これはインデックスです。つまり随伴ですよね。そして「傘を持っていこう」というような、その推論を拡張して世界にフックを入れるという。これは適用ですよね。こんな風に、この三段階のあり方を一次性、二次性、三次性、とも呼ぶんですけど、三次性のところで事象や状況が変化する。推論が行動に置き換わって、さらに新しい状況のなかで推論が続く、というのが、アブダクションなんです（図17）。

このアブダクションは、詩や神話の想像力とも関わりが深いものなんですよね。①最初の「イコン」は、対象一つと関わる記号であり、その記号によってその現実の対象を代表させるものである。

レヴィ＝ストロースとヤコブソンが、ボードレールの「猫」という詩の

図 16　アブダクションという推論形式①

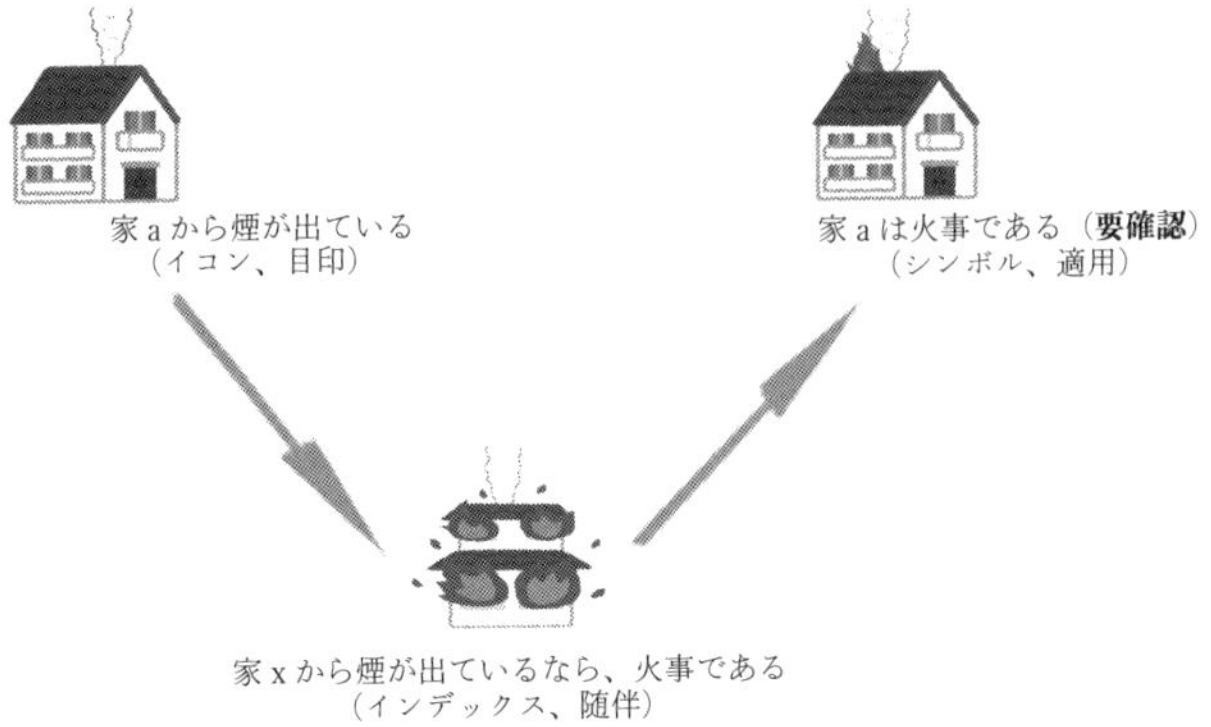
家 a から煙が出ている
(イコン、目印)
家 a は火事である（**要確認**）
(シンボル、適用)
家 x から煙が出ているなら、火事である
(インデックス、随伴)

図 17　アブダクションという推論形式②

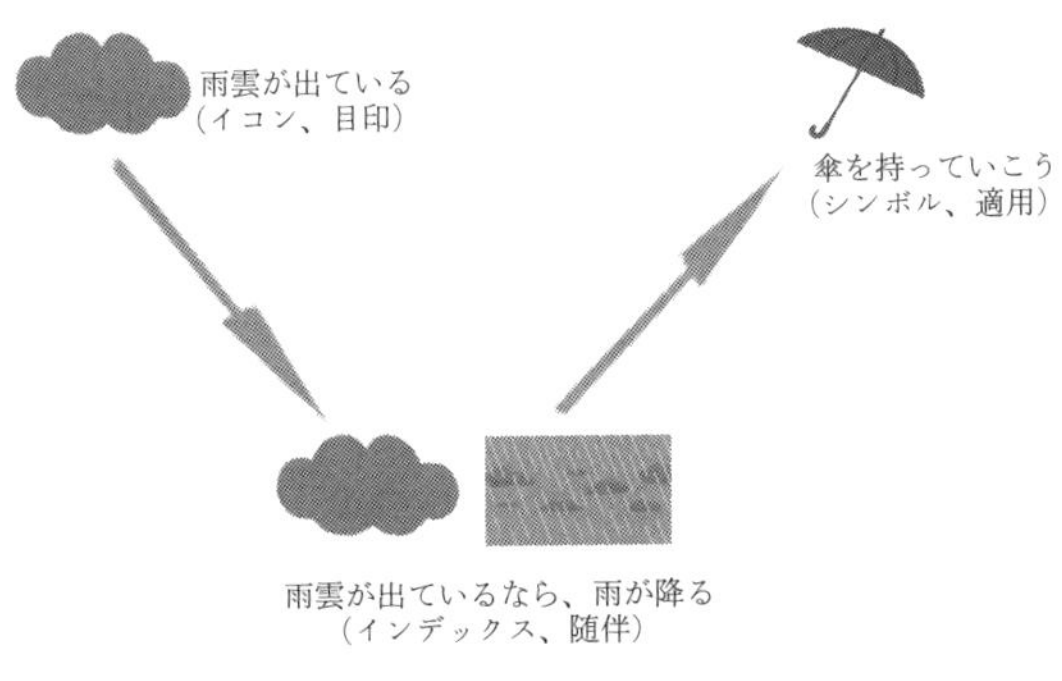
雨雲が出ている
(イコン、目印)
傘を持っていこう
(シンボル、適用)
雨雲が出ているなら、雨が降る
(インデックス、随伴)

解釈を見事にやってみせたのは有名ですが、ヤコブソンはパースを踏まえながら、この詩で使われているメタファー（隠喩）やメトニミー（換喩）を分析していったんです。パース自身が、イメージ（像）、メタファー（隠喩）、ダイアグラム（図）は推論の要素としては一次性である、ということを語っているんですが、たとえば童話で言うと「雪のように白い王女」が「白雪姫」と呼ばれるのはメタファーです。「白雪姫」は「白いもの」のなかに属して、それを代表しているわけですね。

そして②二番目の「インデックス」は、最初の記号がもう一つ別の記号と強い縁を持つことから、それらの関係を結びつけて規定するもの。これは詩や神話のなかでは、メトニミーとして機能するものです。これも童話を例に説明すると、「赤ずきんちゃん」は赤いわけじゃないけれど、赤いずきんと縁が深いのでそう呼ばれる。赤いずきんが随伴しているわけです。こんな風に、「対象が何かに属する、ある一点がなんらかのグループを代表する目印になる」（イコン）ということと、「対象に隣接的に縁が深いもの、随伴しているもの」（インデックス）を辿っていけば、詩的表現はすべてを同じ類似性に属させて回収するのでもなく、違ったものを次々見いだして複雑に拡がっていくことができる。レヴィ＝ストロースとヤコブソンが分析したように、「猫」の詩も、老学者の家に飼われている猫から、詩的想像力が宇宙的な規模にまで拡張するさまをありありと表わしていた。

最後に③三番目の「シンボル」は、「インデックス」までで見いだされた関係を、現実の対象に結びつけることによって、あらたな行動が媒介されたり、事実関係が確定されたりするものであり、この推論が間違っていた場合には、②まで戻って推論がやり直される、というもの（図18）。

こんな風にアブダクションと、詩や神話の想像力が深いつながりを持っているということは、またインドの論理学と神話的思考、あるいは野生の思考が、やはり同じ土壌から芽吹いているということを表わしていると思うんです。同じところに回収しないで第三項をどんどん出して置き換えていくとか、閉じた環のような構造のなかにさまざまな対立的な事物を織り込み、それらの起源を語った縮約モデルを作って、そ

図18　アブダクションと「メタファー」（隠喩）、「メトニミー」（換喩）

①最初の「イコン」は、対象一つと関わる記号であり、その記号によってその現実の対象を代表させるものである。（詩や神話がもちいる「メタファー」も同じ作用）

②二番目の「インデックス」は、最初の記号がもう一つ別の記号と強い縁を持つことから、それらの関係を結びつけて規定する。（「メトニミー」が同じ作用）

③三番目の「シンボル」は、「インデックス」までで見いだされた関係を、現実の対象に結びつけ、あらたな行動が媒介されたり、法則性が確定されたりする。（誤っていた場合は、②に戻って推論が修正される）

れによって世界の象徴的な意味を代表させてしまうとか。

《隠されたもの》を発見する——随伴と否定的随伴の論理

清水： この第三項を出していくことについても、さらに考察していきますね（図19）。

随伴と否定的随伴というインド論理学の考え方は、果たして正しいのだろうか？　ある実例dが、性質Aをもっていて、それには性質Bが随伴する。インドの論理学では、実例dと同じく性質Aをもち、性質Bも随伴して持っているもの、これを「同類」という。また、別の実例not dが性質Aを持っておらず、またそれには性質Bも随伴しないとすると、これを「異類」と呼んでいるわけですね。これで、実例dと実例not dが、排中律的な二項になった。その条件を満たすことを「遍充」とディグナーガは呼んだわけですが、本当にこれは正しいのか？

師： いや、これはいわゆる、演繹的な関係じゃないんですよね。

清水： そうではないし、個別の実例の属性について言っているわけだから、排中律が最初から成立するわけではなく、議論が正しいかどうかは実践的に確かめるしかない。そうするとこれは実質的に、「同類」と「異類」を用いた、二項対立の発見法なんじゃないか。
――この場合、性質Aを持っていて、かつ性質Bを持っていない、そういう第三項的なものがないことを確かめることが論証の作法になるわけです。

ところが一方で、この論証が否定されることもある（図20）。たとえば「迷いのある理由」と呼ばれるものもそうした例です。
――例をあげると、①アートマンは「触れることができないものであり、恒常的である。②「触れることができないものは、恒常的である。」という命題があったとき、③意識は「触れることができない」ものであり、恒常的ではない。――ここでは、二つのものが違った随伴関係を持っているために、第三項的なものができて、この論証は失敗するとされているわけですね。

亀山：ああ、なるほど。

清水：これがたとえば『神話論理』で言うと、「火を通したもの

図19　「随伴」と「否定的随伴」による論証は、論理的に正しいのか？

①ある実例dが、性質Aをもっており、それには性質Bが随伴する。（同類）
②別の実例dは性質Aを持っておらず、性質Bが随伴していない。（異類）

この場合「同類」、「異類」を強いて二項対立的なものと想定し、「性質Aをもっていてかつ性質Bをもっていない」第三項的なものがないことを確かめることが論証の作法となる。

は食べられるものである」という考えに対する、「蜜は火を通さないが食べられる」、「煙草は火を通すが食べられない」というような例にあたるわけです。それで結局これは何であるかというと（図21）インド人が用いている「随伴」と「否定的随伴」の論理学は、①感性的で経験的な事物どうしに、それに随伴する性質まで含めた二項対立的なありかたをあえて想定し、第三項的なものを排除していこうとする論理である。第三項排除の論理なんですね。

ところが、②実質的にそれはそうした「第三項」を発見していくためのメソッドでもあるのではないか。可謬性ということが彼らの論理学では重要なのだから。そして③見いだされた「第三項」にも、同種のロジックの適用が試みられる……。このようにして、彼らはこの世界を複雑に弁別していく。そこで機能しているのはレヴィ＝ストロースが語った「野生の知」としての無意識なのではないか。そうすると、インド人の論理はアブダクションであると同時に、「野生の

図20 「迷いのある理由」によって論証が否定される例

①アートマンは「触れることができない」ものであり、恒常的である。
②「触れることができない」ものは、恒常的である。
という命題があったとき

③意識は「触れることができない」ものであり、恒常的でない。
という第三項が見いだされた場合、この論証は失敗する。（「蜜は火を通さないが食べられる」「煙草は火を通すが食べられない」という例のようなもの）

知」がどのように働いていくかということの、一つの確認にもなっている。これはいわば個人を超えた無意識の、論理学的な表現なんですね。

師：なるほど。インド人の論理学にもやっぱり色んな考え方があるので、さっき仏教にもいろいろありますよという話をしたことにも通じてくると思うんですが、少なくとも私が見ている範囲の東アジアの論理学に関して言うと、この今日の話は非常に面白くて、それはなぜかというと、東アジアの人たちって仏教の議論を論理学っぽくしない方向に持っていこうとするんですよね。当然、排中律などはみんな知ってるわけだからもっと論理的にガチガチにやればいいのに、そうではなくて何かの《行動》に持っていくとか、外れてしまう。三番目に出てくるものが、結局、新たな《行動》に結びつくようなものになっている。それで、今までの研究だと「なんでこんなことを、東アジア、中国の人たちはやってるんだろう。いや、この人たちには実践的な性格があるからだ」、と

図 21

インド人がもちいている随伴と否定的随伴の論理学は、

①感性的で経験的な事物どうしに、それに随伴する性質まで含めた二項対立的なありかたをあえて想定し、第三項的なものを排除していこうとする論理である。

②しかしながら、実質的にそれはそうした「第三項」を発見していくためのメソッドでもある。（可謬性）

③見いだされた「第三項」にも、同種のロジックの適用が試みられる……。このようにして、彼らはこの世界を複雑に弁別していく。そこで機能しているのはレヴィ＝ストロースが語った「野生の知」としての無意識である。

いうような理由をつけて説明しようとしたりしていたんだけれども、やはり何か最近は違うんじゃないかと思います。このロジックが持っている性質や、インド人が考えた独特の論理学が持っている性質というのは、いわゆるわれわれが考えているような論理学ではない、というのが重要ですよね。

清水：ええ、そうですよね。

師：第三項を見つけるための議論なのか？　今ちょうど論文を書いているんですが、第三項ということだと、たとえば「《隠されたもの》を発見するために、論理というのはあるのだ」みたいな言い方を彼らはするんですよね。たとえばニルヴァーナであるとか、仏性であるとか、原因をどこにも帰することができないものを発見するために理由というものは存在するんだ、などと言い始めたりする。もちろん、それ以前の伝統とかがあるんですけれども。そうした背景を踏まえると、因明は普通に演繹的に、この前提があればこの結果に最終的にたどり着く、というようなものではないんですね。今おっしゃったようなことを踏まえながら、インドの論理学そのものを見直さなければならないかなと思うようになりましたね。この否定的随伴というのが、なぜ必要なのかという問題はずっと以前から言われているんですよ。

清水：アポーハ（「他のものの排除」によって語の意味を説明し、定義づけようとする仏教論理学の議論）のためなのか……。

師：アポーハでディグナーガは説明したりするんですけれども、実例が片方あればいいじゃないか、という話があって。ようするに二項対立を見出したいのだから、たとえば否定的随伴のほうさえあれば、あとの肯定的随伴は要らないじゃないか、といった意見があったりする。「いやいや、それはやはり違って両方ないといけない」という議論をするんですね。それでなぜそんな風に「両方ないといけない」と考えてきたのかという理由付けもされるんですが、さまざまな説明がなされるものの、結局「インド人は経験主義だから」とかいうことになる。

清水・亀山：（笑）。

師：まあ、実際そういうところもあると思うんですけどね。そんなこともあって、このあたりは非常に面白いところだと思いますね。第三項を発見していくために。まさにそうなんですよ。最初に提示される主題というのは、まず肯定的随伴と否定的随伴の両方に入っていないものとして、出発するわけなので。だから初めは絶対に、排中律が適用されない形になっているんですよね。ただ、妥当性というものが見出されると、今までそうだったのだからこれも当てはまるだろうというような形で考えているのではないかというのが、これまでのインド論理学を帰納的理解として解釈するやり方だったんです。しかしそんな帰納的理解なのだったら、そもそもこんなにみなが必死で考えただろうか、という話もあります。さきほどのアブダクションのところでも話がでましたが、理論的にも第三項を実践寄りに持って行こうとしたのが、もしかすると東アジアの因明だったのかもしれないということを、今ちょっと考えています。まさにそうなんじゃないかという気はしますね。

清水：なるほどね。西洋でもアリストテレスの論理は、分類的なものだと思われていますよね。矛盾律や排中律を踏まえれば、それに当てはまらないものは必ず弾かれて三段論法なども成立しているとか。しかし、ああいうものは、たとえばギリシャのロジックでも、そればかりではないんです。たとえば『ソピステス』のなかでプラトンが、ソフィストというものはどういうものかという議論をするときに、最初に《テクネー》τεχνη の定義をするんですよ。技術です。まず技術には、「作る技術」と「捕獲する技術」がある。ソフィストたちが行なうのはどちらだろうという風に、議論を切り出すわけですね。そしてたとえば「捕獲する技術」であるというような答えが一つ出てくると、それをまた二分割して、「捕獲する技術」にも二通りあるが、そのどちらなのか、と問答が続く。これを、『差異と反復』[*31]のなかで、ドゥルーズが引用して、これはアリストテレス的な種と類の分類学じゃないんだと言うんですね。「分割」という、違う方法を使っているんだと指摘するわけです。強いて、二項対立をどんどんどんどん挙げていく、「分割」という論法を用いているのだと。こういうものが、西洋にもあるわけですね。アリストテレス的に、次々により普遍的なものに個別のものを回収して分類していくというのは、ある意味では例外的にあらわれた形なんです。

*31 ジル・ドゥルーズ『差異と反復』上下、財津理訳、河出書房新社、二〇一〇

ヤコブソンの『音韻論』を再考する

清水：この二項対立の話で、なんで二項を使わないといけないのかということについて（図22）、これからちょっと説明します。これ、ヤコブソンの音韻論で、分かっているかも知れませんが。

師：いや……。

亀山：案外、みな分からない（笑）。

清水：確かにヤコブソン分かりにくいですよね。「この世界を弁別するために、なぜ二項対立的思考やコントラストが必要とされるのか？」レヴィ＝ストロースはヤコブソンの音韻論からこの点でヒントを得ているわけですね。

第二次大戦のとき、ユダヤ系の彼らはともにニューヨークに亡命し、そして出逢った。その影響が決定的だったわけです。――ヤコブソンによると、たとえばトルコ語には母音の音素が八つある。o、a、ö、e、u、y、ü、iの八つですね。このとき、母音二音の聴き分けをすると、八つのものから二音の組み合わせをとって、二八種類を区別することになる。そんな風に二八種類の違いを、ソムリエが香りを嗅ぎ分けるように聴き分けているのか？　そうじゃないということに、ヤコブソンは気が付くわけです（図23）。聴覚的には、「音素は分解不可能な単位である」ということが言われる。これは揺るがしがたい出発点のように一見思われるんですが、一つの音が実際には、たとえば、「開いた音素」、「閉じた音素」といったものに分けられる。――o、a、ö、eというのが開いた音素になるわけですね。この図だと青で書かれたu、y、ü、iが「閉じた音素」です。それでもう一つ、舌の

図22　「示差的」であるとはどういうことか？

この世界を複雑に弁別するために、なぜ二項対立的思考やコントラストが必要とされるのか？　レヴィ＝ストロースはヤコブソンの音韻論からそのヒントを得ている。

たとえばトルコ語には母音の音素として

o　a　ö　e
u　y　ü　i

の8つがある。このうち2音を聴き分けようとすると、組み合わせで28種類の「聴き分け」をすることになる。

図23

「音素は分解不可能な単位である」という定義に立つとそうなるが、実際には音以前に、口や舌や唇の動きによる三種類の二項対立の組み合わせで、これらの母音はできている。

o	a	ö	e	赤＝開いた音素
u	y	ü	i	青＝閉じた音素
o	a	ö	e	赤＝後方の音素
u	y	ü	i	青＝前方の音素
o	a	ö	e	赤＝円唇の音素
u	y	ü	i	青＝非円唇の音素

前のほうが盛り上がる「前方の音素」ö、e、u、iと、後ろのほうが盛り上がる「後方の音素」o、a、u、yといったものを区別することもできる。つまり半分半分になるわけです。そしてさらにまた一つ、唇を丸くする「円唇の音素」o、u、ö、ü、丸くしない「非円唇の音素」a、y、e、iという違いもある。つまりそもそもこれら三種類の二項対立を組み合わせて、これら八つの母音は出来ているというんですよ。そうすると、音素を分析すると、たとえばoであったら「開いた音素」と「後方の音素」と「円唇の音素」を全部兼ねているとか、aであったら「開いた音素」と「後方の音素」という二つの性質を兼ねて「円唇の音素」という性質が抜けているとか、全部そういう重なり合いの存在になっている。

師：そうですね。弁別特性の束というものですね。

清水：そう、弁別特性の束です。おそらく、何かと何かをコントラストとして際立たせて区別するということを行なう場合には、反対のものをやはり必要とするんですね。実際にはそれくらいしか区別が出来なくて、しかもその組み合わせでより微妙な区別をしている。ここで何が根本的に違うかというと、たとえば複雑性を出すにあたって、文字で言ったら表意文字と表音文字がある。表音文字のように、二六文字の「組み合わせ」であらゆる多様性を表現するという場合と、漢字のように文字を無数に作って多様性を表現するという場合があるとすると、これは多様性が「組み合わせ」によって生成されるパターンなんですね。そう、世界はできていると。そのときに大事なのが、正反対な二つのもののコントラストなんですよ。なぜかと言うと、ようするに要素を絞っていって、「組み合わせ」で多様性を出すのであれば、究極の形はデジタル、つまり一と〇だからです。

師：二の階乗ですね。

清水：そうなんですよ。だから、人間が感性的に違いを弁別したり、無意識に音素を聴き分けたりしている時点ですでにそうなっている。

亀山：バイナリーになっているんですね。

清水：だから神話素も当然そんなふうに考えたいわけなんですよ。そして二項対立にまず着目し、さらに第三項を出していって、その第三項の位置もまた一巡させて縮約をつくる。そうすると言語や、神話的想像力じたいが、どのように複雑な姿をも採りうるようになるわけです。それだけにその一方で、それを抑圧していたり、同じ欲動に導いている構造が、業のようなものとしてある。あるいは、近代哲学のように思想的な型としてあるのかもしれない。しかしわれわれは、もっとそこから解放されたいわけですよね。解放されたところ、仏教で言ったらテトラレンマで語られる構造、そこにやっぱり救いがあるということだと思うんですね。

師：ここでさっきの論理の話に戻ると、やはりインドの論理学、あるいは因明が扱おうとするのは、属性ですよね。ダルマの「組み合わせ」というものの、多様性と制御にすごく関心を持っているというところが重要なんですね。ダルマを制御しようとするときには、必ず二項対立を用いるんです。あるダルマとそうではない別のダルマ、ある属性とそうではないものという対比に一回落とし込んでから、それらの「組み合わせ」で、「いや、これは当てはまる」、「これは当てはまらない」という議論を延々と重ねていくものなので、そういう意味ではこうした弁別に近いのかも知れませんね。そしてそれはいくらでも重ねられるんだけども、実際のところもとは二項対立にならないものを扱っているんです。そもそも論証しようと思ってる主語が、その属性を持つのかどうか分からないというところから全部出発するので。そういう意味ではこの思考方法とやはり似ているのかもしれないですね。

清水：たとえばさっきのトルコの母音の音素が、oであったら「開いた音素」と「後方の音素」と「円唇の音素」だけれど、aなら「円唇の音素」という属性が当てはまらない、といった具合に、途中まで属性が同じでも音素そのものは同じものの範疇に分類されるわけではなく、違いが経験的な吟味によって初めてなされるわけで、そこにアブダクションとヤコブソンの音韻論の共通性もあるわけですね。属性は、具体的なものが包摂、分類されるものではなくて、むしろ属性どうしが「組み合わせ」られて具体的なものを多様につくる。——そのために、二項対立、バイナリーが重要で、また複数の二項対立を兼ねることとや、具体的な実例や随伴などの関係も大事で、しかもそれらが限られた要素で環を描く、縮約することが重視されることになる。

たとえばヴァイシェーシカ学派とか、仏教以外のインドの思想のなかにも、エンペドクレス的な思考がやっぱりあるわけですよね。

師：そうだと思いますね。そもそも因明の仏教論理学じたい、『ニヤーヤ・スートラ』[*32]なども含めて仏教の外から来ているので。

清水：そこまで含めて、そこで動いている「野生の思考」を考えないと、空海なども分からない部分が多いと思いますね。

*32　全訳注を含む書籍は以下を参照。中村元『中村元選集 第25巻 ニヤーヤとヴァイシェーシカの思想』春秋社、一九九六年

亀山：空海になってくると、二項対立ももっと激しいものになってきます。胎蔵界、金剛界の二つの曼荼羅ですね。その二項対立を通じて、《究極の自然》対《究極の文化》を掛け合わせるようなところが、金剛界と胎蔵界の曼荼羅にはありますけれど……。あれもだから、そういう「自然」対「文化」の二項対立ではあると思うんですよね。他のところにも多分、そういうアプローチで考えられるものが沢山あるのではないか。ヤコブソンなどを踏まえてもう一回、曼荼羅や梵字悉曇などを考えるということを、これからやろうと思っています。

四大元素と場所（コーラ）

清水：さきほど『ティマイオス』を採り上げて、プラトンは自分たち以前にもっとすぐれた知があったのではないかという感覚を持っていたらしいという話をしたんですが、僕はギリシャの文化というのは、当時の時点でもうルネサンス、つまり復興だったんじゃないかと思ったりもするんですよ。それは必ずしも、アトランティス神話のような先史文明があったという話でもなく、「野生の思考」とその知を回復したいという欲求があったのではないか。そこで内省的に考えられたことから、多くを教えられる面がある。そしてその「野生の思考」は、インド的なものでもあり、彼らも神話的、宗教的、哲学的、論理学的な縮約モデルを見事に作ってくる。

師：そうですね。そのときポイントがいくつもあると思うんですけど、やはり「主語化しない」というのが結構重要で、ダルマというものを「つぶつぶの集まり」のように考えてしまったら絶対に駄目なんです。ダルマというものがまさに属性、述語であるというところが非常に重要で、述語であるからこそ、それは論理学の言葉で言えば経験とか行為とかの様態、唯識の言葉で言えば識というところに繋がってくると思うんですけど、それを実体のある何か、それこそ仏教的な言い方になってしまうけれど、自性のあるものとして見た瞬間に、さっきの無限後退みたいなものであるか、物自体みたいな、ようするに思考不能なものになってしまうか、どっちかになる。ここがやはり今日お聞きしていて、大きなポイントかなと思いましたね。神話というのもそうですよね。

清水：様態ですよね。

師：そう。だからそれが虎とかジャガーとかいう風に表現されるんですが、ジャガーっていうのも別に……。

清水：あれはジャガーのジャガーじゃない。「ジャガー性」ですよね。

亀山：いや、その通り。

清水：本当にそんな感じです。述語というのは、西田も述語論理というものを展開しているし、重要な鍵です。先に『ティマイオス』に触れて、イデアそのものと、生滅の世界と、もう一つその生滅が起こる場所という三つの世界があると語られていると話しましたが、その部分でも最初は、四大元素が語られているんです。そして四大元素は状況によって様態が変化するから、もっと違う、それこそただ述語的な場所（コーラ、χώρα）というものがあるんだというところに話が進んで行く。つまり「〜である」の場所です。にもかかわらず、それはまだマテリアルな性質を持っているんですよ。イデア、形相が刻印される不定形なモノのイメージでもあって、受容者という風にも呼ばれています。場所というと無のようだし、西田が場所の概念を語るときもそんな印象が強いですが、もともと四大元素を改良する形で『ティマイオス』は場所（コーラ）を語っていたんですね。だからそれでやや抽象化されてしまったというところがあります。もともと場所（コーラ）はマテリアルで、感性的な様態とその変容を表わしたもので、図と地という場合の地に当たるものなんです。

師：場所、コーラというのは、デリダ的に言うと「なんでも引き受ける根源的な処女性」という風に言われますけど…。

亀山：真如（タタター、tathatā）。

清水：コーラと名指してしまったがゆえに、コーラそのものに、位置や役割を循環させるというニュアンスが抜け落ちてしまった、というところがありますね。

師：私は以前、文字というものの説明をするときに、「文字はコーラだ」という言い方をしたことがあります。これは先ほど出てきたような華厳・ライプニッツ的なネットワークのなかで、一部分が変わると他のすべても変わる、文字というのは書けば書くほど新たな文字が参入したり、一方で使われなくなった文字が死んでいくというように全体の構造が変化していく。そういうネットワークのなかにあって、一つの文字が全体を含んでいるし、全体が一つの文字を成りたたせているという関係を説明するときに、コーラ（場所）

という言葉が使えるのかなと思ったんですよね。

清水：それは非常に空海的ですよね、『声字実相義』的な。そういう相互包摂や「組み合わせ」の話で言うと、さっきエンペドクレスを図で語ったじゃないですか。あれはライプニッツが『結合法論』[*33]の扉に載せていたもの、そのままなんです。こちらが排反しているとか、こう辿るとすべて繋がるということがラテン語の文字で書いてある。『結合法論』というのはライプニッツの二〇歳のときの処女作ですよ。あれもパースなどにちょっと近いところがあるんです。そこで彼は、関係というものには「絶対的関係」と「相対的関係」があると言っている。「絶対的関係」というのはordo（オルド、順序）というもので、たとえばa、b、c、dのなかにb、c、dが含まれるとか、a、c、dが含まれるとかいった関係です。こういう一方的に包摂される関係と、b、c、dとa、c、dどうしの関係のように、ちょっとずつ共通項を変えながら、同じグループのなかで変化していく関係があって、その関係の方を「相対的関係」と呼んでいるんですよね。これがvicinitas（ヴィキニタス、隣接性）と呼ばれるものです。隣接性の関係で、これとこれが違っているという場合には、ヤコブソンの音素の話のように、共通項を持っているな

＊33　『ライプニッツ著作集1　論理学』澤口昭聿訳、工作舎、一九八八年

かで一箇所がバイナリー的に変わる、b、c、dとa、c、dならbがaと入れ替わる、ということが基本になります。

師：そのまま弁別特性の束の話ですね。

清水：そこからライプニッツは出発していて、アリストテレスの論理学じゃない論理学を作ろうとしていた。彼の前にライムンドゥス・ルルスという人が、「大いなる術」というものを考えた。これは神を形容する言葉が、主語になったり述語になったり入れ替わる、この入れ替わりが勘所なんですが、それを円周の違う数枚の回転する円盤を使って表現しようとしたもので、それがライプニッツにヒントを与えていたらしい。これについても考えようと思ったんですが、今話している二日前に思いついたので、時間が足らなくて考えをまとめきれませんでしたね。

補色について

清水：二項対立というものについては、色の補色現象に詩人のヴァレリーも注目しているし、ゲーテが『色彩論』[*34]のなかで探究していることというのは

＊34　ゲーテ『色彩論』木村直司訳、筑摩書房、二〇〇一年

ヤコブソンが音で考えていることと同じですよ。光と闇の中間にあるのが色彩で、光に近い黄色を長い時間見ていると補色として青が見えてくる。なぜ光と闇の中間が色彩なのかというと、たとえばスマホの白い画面に指で触ると指紋がつく、汚れたはずなんだけどそこに虹色が見えるじゃないですか、あれと同じなんですね。ヴァレリーが言うには、同じ色を見ていると反対の色が出てくるというのは、経験をなんらかの行為に解消してしまわないように、純粋な知覚の状態を維持するために、反転した色が浮かび上がってくる、そうした弁別が無意識におこっている。たとえば「閑さや岩にしみ入る蝉の声」という芭蕉の句があるけれど、あれは確かにワーッと音が聴こえているんですが、そこで補色のように「閑さ」が出てくるんですよ。そういうものは多いですね。こうした感覚が働いているときに、「ああ、アニミズムが動いてきた」という思いが湧いてくるんだと思いますね。

師：青と黄色の話はすごく重要だと思うんですが、実はアポーハの説明のときに出てくるのが青と黄色なんですよ。「青が青と分かるのは、黄色などを排除するように」ということが言われるんですが、それは単純に白と黒というようなものではなくて、同時に見えているんです。同時に見えているもののなかに、排除関係を入れ込んでいくというところがあると思うんです。青と黄色はやたらに出てくる、絶対に出てきますね。

亀山：それもやはり、感覚の哲学のようなところがある。

師：普通に瞑想をしていて、青と黄色が一緒に見えるというのを、彼らは見ていたんですね。それで、これはなぜなのか、となったところにアポーハの話が上に乗っかって出てきているので、単純な二項対立の話ではないんです。

清水：この前、松岡正剛さんと対談したんですが、松岡さんは日本の文化というものを語るのに「対の思考」というものが大事で、日本人が好きなペアというのが色々あると言うんです。たとえば、紺と金。これが、ときどき違うペアに入れ替わったり、また違った意匠のもとに蘇ったりする。尾形光琳の「燕子花図（かきつばたず）」なんていうのもそれです。紺の燕子花があって、後ろが金になっているという見事な変形版ですね。そういうバイナリーを意識した語り口で、日本の文化を見ないといけない、仮名と漢字とか、雅びと鄙びとか、それらを共存させたり入れ替えたりするというのもまさにそうです。

師：お経を書く「紺地金泥」にしても、まさにそうですよね。「なんとなく高級そうだから」というのではなく、そこにある種の構造を拾っていかないといけないと思いますね。

清水：実際、俳句なども「五月雨や大河を前に家二軒」とか、そういうコントラストばっかりですよ。そういうものが違う表現形を持つとそれが文化として新たに目覚ましく出てくるというのは確かにあると思う。それを根源から見ると、バイナリーやコントラストの話や、順に第三項を取っていくとか、そういうことが行なわれるなかでの切り替わりなんですね。

阿頼耶識と「因果同時」

師：日本だとどうしても哲学を消費してしまう傾向があるけれど、レヴィ＝ストロースはそういうのを乗り越えて、古典になったという気がしますね。

清水：パリでは思想は五年、一〇年くらいしか流行しないといって、それで乗り越えられたみたいに言われていたこともあったけれど、みんな気にはしているというのが、最近いろんな人と対談してみて肌身で分かりました。人類学者の春日直樹さんも学問をレヴィ＝ストロースみたいにやりたい、という思いがあるんですよ。

尾形光琳
《燕子花図》（国宝）
左隻
江戸時代（18世紀）
紙本金地著色
6曲1双
縦151.2cm、
横358.8cm（各）
根津美術館所蔵

画像提供：
akg-images/アフロ

亀山：何回も「レヴィ＝ストロースは終わった」と、それこそ一九七〇年代から言われてきましたよね。

師：全然終わってないよね。

清水：レヴィ＝ストロースが「無意識」といったもの、あれが大事なんじゃないですかね。それがエドゥアルド・コーンの『森は考える』[*35]まで続いているし、どういう風に世界が色んな差異をもっておのれを分節していっているのか、また縮約していっているのか、ということが大事なんです。ある程度オートノマスにそういう働きがある。そうしたものが、ユングではないけれども個人を超えている。個人の生育歴があって、そのなかで抑圧されているものが「無意識」である、といったものとは全然違うんですよ。

亀山：レヴィ＝ストロースは「人が神話を考える」のではなくて、「神話が神話を考える」んだと言ってますもんね。

清水：「私」というのはそうした合流点のような、神話の変換が行なわれる場所なんだと言ってますよね。なるほどと思いますね。

師：それは、私に言わせると「唯識」ですね。

清水：まさにそう。そういう話になると思ったから、最初唯識の話から今日

＊35　エドゥアルド・コーン『森は考える　人間的なるものを超えた人類学』奥野克巳ほか訳、亜紀書房、二〇一六年

も始めたんです。

ところで、唯識では相分と見分の、見分のほうに眼識、耳識、鼻識、舌識、身識と色々なものがあるというんですが、あれは近年だとアフォーダンス論でも同じような考え方をするんですよね。感覚というのは、たとえばデカルトなどでは、もろもろの感覚を脳の中の「松果体」が統合して、共通感覚（sens commus）というものを作る、という風に考えています。感覚レベルで、弁別ではなく統合があると考えているんですね。そこから良識（bon sens）というものは万人に与えられているものだ、という彼の考えも出てくるし、世界は客観的で唯一のものであるという考え方も当然、裏返しに出てきますね。

ところがアフォーダンスという認知のあり方は、それとは明らかに違っていて、たとえばこういうペットボトルのようなものがあるのを振り回したり、見たりするとしても、別に感覚は統合されていないんです。こういう対象に対するアプローチが、触覚の感覚モジュールであったり、視覚の感覚モジュールであったり複数あるというのは、唯識と同じなんです。

対象を弄り回して、違いが出てくる感覚を受け取ることで、複雑な情報を得ている。このときあまり変化しない対象を「不変項」と呼ぶんですが、これがあるおかげで、逆に統合されないまま変化する感覚の諸要素の違いが弁別されるんですね。つねに働きかけて、フィードバックがあることで、認知が成立する。構造としては、唯識と同じですね。『正法眼蔵』[*36]でも、千手観音の話が出てきますね。千手観音には手が千本あって、その手のひらには一つずつ眼がついている。それで「何をやっているんだ」という問いかけがあるじゃないですか。そうすると「夜中に寝ていて枕を手探りで探すようなものだ」という風に答える。何を言っているのかと思うんですが、これは複数の感覚モジュールがあって、それと対象とのあいだに循環的なフィードバックの作用があるとき、そこで対象がすっと一つ抜けたところ、それが禅なんだということですね。さっき語っていた、増大から還滅門のターンに逆回しするというやつです。

亀山：そういう話を聞くと、サイバネティクスとそれ以降の話についても伺いたくなりますね。統合されたものじゃない、複数のモジュールを通じて、外にある対象とのあいだで情報の交換が起きているという発想がサイバネティクスにもありますよね。

師：相分というのは、眼、耳、鼻、舌、身、意、それにともなう心所法、全

＊36　『正法眼蔵』全八巻、増谷文雄訳註、講談社、二〇〇四〜二〇〇五年

部にばらばらに相分というものが発生するので、一回でどれだけの識が発生するかにもよるんですが、このペットボトルとかに対する相分が一瞬のうちにボボボッと複数出ているはずなんですね。それが、色々なかたちでフィードバックを繰り返しながら、「私の経験」として統合される。この「私」が、色々なフィードバックの前からあるように偽装されていくのが、唯識の基本的な考え方ですね。

清水：それは、分かるんですよ。ラトゥールは外的世界や科学の対象は最初から存在しているわけではなく、複数の主体のアプローチを通じて、却って誰の意志や予想をも裏切るような形でその姿を見せてくるものだと述べたんですが、主体の側もそうなんですね。これもフィードバックの前からあるわけではない。しかし事後的に、これが根源として最初からあったのだという風に感じられてくる。それが蔵識、つまり阿頼耶識だということですね。

師：だから因果は同時なんですね。フィードバックを時系列的に考えると、第三レンマ止まりになってしまうんですよ。

亀山：不生不滅の第四レンマでなくて、生まれて滅するだけだと意味がないですもんね。

清水：相関性じゃなくて端的にということを考えたり、而今（禅で「今」のこと）というものを考えたり、ということですよね。見分、相分、自証分からなる識も、他の識のうちには相分として現れるし、もろもろのパースペクティヴは相互包摂的にある。しかしそれらを全部一方的に包摂する唯一の識があるわけではない。ちょうどマルクス・ガブリエルが、あらゆる意味の場を一方的に包摂する「世界」は存在しないと言ったように。こうした相互包摂を、空間的に直観するのはなんとなくできるんですが、これがまた循環するものであり、どちらかからどちらかへ一方的に流れ去っていくものではないこと、不来不去だということを考えると、そのときようやく「今」ということが言えると思うんですよ。「松も時なり、竹も時なり。時は飛去するとのみ解会すべからず」（『正法眼蔵』有時「松も時である。竹も時である。時は過ぎ去るとばかり思っていてはいけない」）と道元も言ってますよね。

師：時系列で流れるという理解で終わる場合が、仏教の場合でも結構多いし、それをナーガールジュナまで戻って、第四レンマまで組み込んだかたちでちゃんと考えようというのが、今日の結論かもしれないですね。今回は非常に色んなところで、課題とクリアになったところが同時に出てきて、宿題を沢山いただいたので、これから考えていかないとなという感じですね。こういう対話が、一年先になるのか分からないですが、またできると良いですよね。

清水：よろこんで。今日は話していて楽しくて本当にあっという間でした。数千年のスパンで人類が考えてきたこと、感じてきたこと。――そして世界そのものがそういうわれわれに、みずからを多様なものとして弁別しながらどのように開現してきたのか。それが仏教の構造とともに、かなり明確に腑分けされてきましたね。

聞き手　紹介

師 茂樹（もろ しげき）

花園大学文学部教授。専門は仏教学、人文情報学。主な著書に『最澄と徳一　仏教史上最大の対決』（岩波書店、二〇二一年）、『論理と歴史　東アジア仏教論理学の形成と展開』（ナカニシヤ出版、二〇一五年）、『『大乗五蘊論』を読む』（春秋社、二〇一五年）などがある。

亀山隆彦（かめやま たかひこ）

龍谷大学大学院文学研究科博士後期課程修了。博士（文学）。米国仏教大学院博士研究員を経て、現在は、京都大学人と社会の未来研究院研究員、龍谷大学世界仏教文化研究センター研究員、上七軒文庫代表。専門は日本思想・文化研究、仏教学。著書に『平安期密教思想の展開：安然の真如論から覚鑁の身体論へ』（臨川書店、二〇二二年）、『中世禅の知』（共著、臨川書店、二〇二一年）などがある。

第二部　『吽字義』考

清水高志

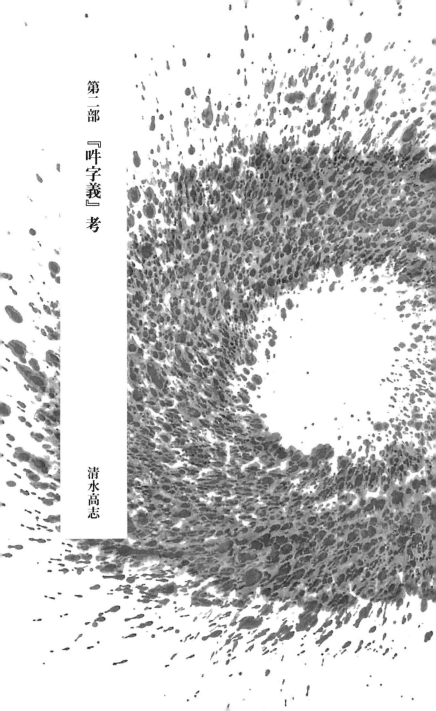

空海（七七四〜八三五）は、密教を日本にもたらした偉大な祖師であるとともに、彼自身きわめて独創的な思想家である。彼が生きたのはヨーロッパで言えばまだフランク王国の時代であり、彼が活躍したのは紛れもなく古代の日本である。讃岐の多度郡に地方有力者の子として生を享けた空海は、文筆でものちにその多才さを発揮しているように、早くから漢籍や古典を大学の明教科で学んだという。しかし仏教に傾倒するようになり、大学を中退してみずから山野を経巡って修行した。その修行の地の一つ、土佐の室戸岬の洞穴、御厨人窟をわたしもかつて訪ねたことがあるが、その洞窟から眺められるのはただ紺青の海と、涯しない空とのコントラストである。――夕暮れが近づき、空はやや黄味がかって見え、空と海は鮮やかな青と黄の対照をただ描きだしていた。ちょうどそのはざまに、暁暗のうちで明けの明星が輝くのを見て若い空海は感得するところがあったという。「明星来たり影ず」と、後に彼はそのときのことを『三教指帰』に書き記している。伝統的な表現だが、明星もまた「影」を落とすものであるというのが面白い。さまざまなコントラストが交錯するなかで、空海の躍動する魂が一瞬まばゆく照らされる、そんな光景が思い描かれる。

空海はそののち留学生として渡海し、唐の長安でまず般若三蔵というインド僧から華厳や梵語を学び、さらに青龍寺・東塔院の恵果阿闍梨に本格的に入門した。ここで彼がたちまちその不世出の学才を認められたことは、よく知られるところである。入唐直後から水を得た魚のように空海は知識を貪った。彼は語学においても天才であったが、書家としての力量によっても唐の人々を大いに驚かした。空海は不空金剛から伝わった密教の教えを、この地で余すことなくすっかり学んだが、恵果阿闍梨は空海との出会いからわずか六カ月で亡くなったという。千余人の弟子たちの代表として、彼はその葬儀で碑文を起草している。

二年で日本に帰国した空海の、その後の活躍については、多くの伝記に記されるところである。先にわたしは、空海が古代日本における独創的な思想家であったと述べたが、著作によってみずからの世界観を構造的に説き起こした日本人は、彼が始めてであって、また彼の以後も長く途絶えたと言っても過言ではないだろう。そもそも、全人類を見渡しても、彼以前に存在していた哲学的な思索は、『ウパニシャッド』の哲人たちや、ギリシャの哲学者、自然哲学者、仏陀、ナーガールジュナ（龍樹）*1やヴァスバンドゥ（世親）*2のようなインドの優れた学僧たち、法蔵*3や吉蔵*4のような数限られた傑出した論師たち、あるいはレヴィ＝ストロースが「野性の思考」と呼んだものしかなかったのである。講義篇でも見たように、後期プラトンにも姿を覗かせている古代ギリシャの自然哲学は、インドの自然哲学と地続きであるし、それらはまた「野生の思考」に通じる発想を持っている。仏陀やナーガールジュナの思想も、古くからインドにある四句分別のようなロジックを踏まえ、とことん深化したものである。これら前・空海的な哲学を十二分に意識することが、空海の思想の構造やその背景を理解するために実は必要なのだ。またそれらを踏まえることで、仏教思想がどのような必然性をもって発展してきたのか、そしてその核心がどのような形で維持されてきたのかについても、明解な見取り図を与えることができるだろう。釈迦仏教から密教までの仏教の展開は、縁起や離二辺の中道の思想を幾度も再解釈するなかで生まれてきたものであると本書では見なしている。それは古代の哲学であるとともに、西洋的な世界観が今日突き当たった限界を超える視座を持つものでもある。ここではプラトンらの西洋哲学や現代思想、認知の問題や私たちを取り巻く技術的な環境についても、いくらかの紙幅が割かれることになる。――ヒエログリフとギリシャ文字が併記されたロゼッタストーンが、古代エジプトの神聖文字の解読を可能にしたように、それらもまた空海の哲学を構造的に考察するための確かな手掛かりを私たちに与えるだろう。千二百年前の哲学を今日読み解き、その可能性を見定

＊1　二世紀に南インドでバラモンの子として生まれ、ナーランダ僧院で修学したのち仏教徒となり出家した。『中論』などの著作で知られる中観派の祖であり、「空」の概念を確立しその後の大乗仏教の発展に決定的な影響をもたらした理論家である。

＊2　北西インド、ペシャワールで生まれ、始め初期仏教の一部派である説一切有部の学者として名を成したが、兄アサンガ（無著）の勧めによって大乗仏教に転じ、唯識の理論形成に大きく寄与した。『倶舎論』、『唯識三十頌』などによって知られる。

＊3　中央アジアのソグド人の都市サマルカンドにルーツを持ち、七世紀から八世紀の初頭にかけて唐の長安で活躍した華厳宗の第三祖。賢首大師（げんしゅだいし）、香象大師（こうぞうだいし）とも呼ばれる。華厳教学を大成した大乗仏教史上屈指の理論家であり、『華厳経探玄記』、『華厳五教章』などの著作がある。

＊4　六世紀から七世紀にかけて唐で活躍したパルティア系の学僧で、嘉祥大師（かじょうだいし）とも呼ばれる。三論教学を大成した『法華義疏』、『三論玄義』などの著作がある。

めるためには、相応の知的な準備運動が必要なのだ。

ところで、はるか後代の鎌倉新仏教の祖師たちとは異なり、空海には自分がいわゆる「末法の世」に生きているという自覚はなかった。インドで、西域で、唐で、爛熟した仏教の教理を余さず視野に収めながら、彼はまたこの日本の文明の黎明期の人間でもあって、みずからの思考を凝縮された、端的な表現のうちに結晶させようという切迫する衝動を持っている。——あるいは、そうした端的さがまさに、空海という人物なのである。そのもっとも際だった例が、『吽字義』という彼の著作であろう。空海はこの『吽字義』では梵語の一文字、「吽」というたった一文字のうちに、発達した古代の哲学の複雑な構造を畳み込み、語ろうとするのだ。そして、これから詳述するように、その試みは彼の思想の構造の細部とそれらのコントラストを明確にすることに、成功していると思われるのだ。『吽字義』は、空海の思想全体と、仏教および密教がいかなるものであったかを知るうえで、格好の便覧としての性格を持っているのである。

それゆえ本書では、この『吽字義』を頭から尻尾まで、ごくわずかな部分を除いて残らず精読し、考察することに努めよう。現代語表現による紹介という意味でも、空海の原文の味わいを損なわぬ限りで、明解かつ流麗であるよう心がけたつもりである。これから密教の宇宙と仏教の哲学の、光のこぼれる深い森にともに分け入っていくことにしよう。

1　空海思想の見取り図――『吽字義』

とはいえ、空海が遺した数ある書物のなかでも、『吽字義』ほどその解釈に首を捻(ひね)るテキストはおそらくないだろう。『即身成仏義(そくしんじょうぶつぎ)』、『声字実相義(しょうじじっそうぎ)』とならんで、ふるくから即・声・吽の三部作の一つと呼びならわされるこの著作は、空海がその驚くべき博覧強記を駆使して、「吽」（hūṃ、フーン）という文字の字相と字義[*5]を自在に読み解きながら、みずからの思想の深奥を説き明かしたものであると、一般には理解されている。

もちろん、空海のさまざまな著作については、宗門の学僧や国内の仏教学者らによる、気が遠くなるほど長い年月にわたる研究の蓄積があり、空海が書物で「何を主張しているのか?」については、時間をかければ誰でもかなり詳細に知ることができる。しかしたとえば、そこに現れる偈に、「五大に皆響(みなひび)き有り」[*6]とあるとき、この「五大」が「地大」「水大」「火大」「風大」の「四大」に「空大」

＊5　密教の字門説において字相はその文字が持つ表層的な意味を指し、字義はより深い真義を指すとされる。

＊6　『定本　弘法大師全集』第三巻（以下「定本　第三巻」と記述）「声字実相義」、空海、高野山大学密教文化研究所、一九九四年、三八頁。

を加えたものであることが分かったとして、そもそもこのうちの「四大」を強調することにいかなる哲学的な意味があるのか、またあったのかということが、現代のわれわれにはまるで腑に落ちないのだ。[*7] そのまま受け取れば、大昔の人たちがそう考え、そう信じていた、という風にしか解し得ないであろう。

空海が語ることをたんなるレトリックとして、また世界の象徴的表現としてただ素朴に受け取るのであれば、それでも問題はない。しかし本書の講義篇ですでに述べたように、仏教思想のうち唯識には今日でいうマルチパースペクティヴィズムや多自然論の世界観があり、華厳もそれが一即多というかたちで相互包摂的に展開された形と見做すことができ、禅もまた超論理などではなく相応の理路や自然観をもっているのだとすれば、[*8] この『吽字義』に現れた空海の思想にもやはり、おそらく今日なおわれわれを瞠目(どうもく)せしめるような、また驚嘆せしめるような、美しい直観が見いだされてしかるべきなのだ。

解題などでよく説かれるように、この書の表題となっているこの「吽」(hūṃ、フーン)という文字は、梵音を漢字一文字でつづめて音写したものであり、これはさらに訶(ha、か)・阿(a、あ)・汙(ū、うー)・麼(ma、ま)という四文字に分解することができる。これらの文字の一つ一つにはそれぞれ深い意義が含まれているというが、それにしてもこれらは、たったの四文字でしかない。その四文字に託されている意味というのは、したがって空海にとって彼の仏教観の根幹的なエッセンスでなければならず、なぜそれらにそこまで重要な役割が託されているのかが、現代の哲学の観点からも、得心される必要があるのだ。

空海がいかなる文献的な典拠から、その独特な字義解釈を導いているのかについては、先学たちによる多くの考証がある。むしろここで問題にしたいのは、『吽字義』がいかなる意味において、空海思想の核心を凝縮した見取り図になっているか、そのオントロジーがどのようなものであるのか、そしてまた、そこで思惟されていることが今日、どのような可能性を持ちうるものなのか、あらためて再考することである。

2 訶(か)(ha)・阿(あ)(a)・汙(う)(ū)・麼(ま)(ma)——四つの文字をめぐって

『吽字義』でまず、開巻劈頭語られるのは、文字にはその表面的な意味である「字相」と、深秘(じんぴ)な意味を表わす「字義」の二通りがあるということである。「吽」の字は梵音の音写であるから、この字相だけですでに四つの文字、つまり訶(か)(ha)・阿(あ)(a)・汙(う)(ū)・麼(ま)(ma)という字からなっている。

＊7　インドとイオニアの自然哲学に共通する四大元素については、本書の講義篇の議論も参照のこと。
＊8　『今日のアニミズム』、奥野克巳・清水高志著、以文社、二〇二一年を参照のこと。

これらの文字が一般的に持っている意味についての見取りが、まず示される必要があるだろう。むろん空海もそこから説き起こしていく。字相の各論がまずなぞられるのである。

たとえば賀（訶、ha）字について、これはサンスクリット語のhetva、すなわち「因縁」という意味を持っていると空海は語る。梵字では子音を表わすときに、子音だけでは読みようがないので、通常aの音を足したかたちで表現するためにhaとなるが、これは「因縁」というサンスクリット語の頭文字であり、それゆえこの文字が「因縁」という意味を属性として持っているとされるのである。こうした発想は、一文字のうちに象徴的な意味を読み込む字門説と呼ばれるものであるが、素朴に考えれば賀（訶、ha）字はhetvaというスペルの構成要素もしくは部分であって、そうした部分にそれが他の文字と組み合わさって作られるもの全体が表わす意味が属しているとされるのは、一見本末転倒であるかに思われる。――しかしながら、そもそも唯識から華厳までの世界観において、「含むもの」と「含まれるもの」の関係は一方向的なものではなく、あくまでも相互包摂的なものであったことを思えば、全体（関係）と部分（項）がこのような構造を描くことも不思議ではない。

また、講義篇でも考察されたように、インド的な論理学は特徴的ななんらかの部分的な符丁が、より全体的なものを代表するという前提のもとに、推論を組み立てるものであった。――C・S・パースのアブダクションにおいては、こうした符丁は「イコンicon」と呼ばれるが、賀（ha）字もまた、そこに象徴的な意味が読み込まれていると言うよりは、それじたい「因縁」という概念が導かれるためのイコンなのである。

かくして、ごく通常の字相においては、この賀字は「因縁」を表わし、「あらゆるものは因縁によって生じないということはない」ということを意味しているということが、空海によって始めに念押しされる。「因縁」という意味がここで最初にクローズアップされたことは、空海の仏教観においていわゆる縁起説がかなり大きな位置を占めていること、また縁起説そのものの密教的な読み替えがこのさき展開されるであろうことを予期させる。

次は阿(a)字についてである。この書物では『大日経疏』を引きながら、[*9]これが「一切字の母」であり、「およそ最初に口を開くとみな阿の音がある」[*10]「阿の声を離れて一切の言説はない」ということが述べられている。また阿(a)はサンスクリットでは否定辞でもあるので、阿字は「あらゆるものが空無である」ということを知らせるものであるとも語られている。[*11]

汙字と麼字についてはどうであろうか。汙(ū)字は字門説によると「損減」(ūna)を表わし、「あらゆるものが無常であり、苦であり、空であり、無我である」ことを意味するという。また一方で麼

*9 『大日経疏』【大正】三九・六五一下。
*10 定本 第三巻、五八頁。
*11 定本 第三巻、五八頁。

（ma）字はこれに対し、梵語の ātman、我を意味するものであると空海は語る。この麼字が表わすのは、「あらゆるものに我（自性、実体）がある」ということであり、これは汙字とは対象的に増益の相——つまり、こちらはおびただしく実体が増殖してゆくように捉えられる、そうした状態をしめしている。つまり、吽字を構成する四つの文字は、①「因縁」と、②否定辞と、③「損減」と、④「増益」の四つの字相から成っているというのである。

吽字の表層的な意味を釈した、これらの解説はいずれもたんなる前置きに過ぎず、そこからそれらどうしの有機的な繋がりを看て取ることは、いまだ困難である。したがってそれは、まだいささか散漫な情報であるという印象をわれわれに与えずにはおかない。だがしかし、やがて空海がこれら四つの文字の字義、その深秘な意味を語りはじめると、それらの文字はたちまち違った光彩を帯びて、お互いがお互いを手繰るように組み合わさり、躍動して、それぞれの角度から他の文字を照射するようになる。それをいかに雄弁に空海が語るのか、こののち順を逐って見てゆくことにしよう。

3　縁起とテトラレンマ

空海は『吽字義』において四つの文字の字相、すなわち表層的な意味と字義、すなわち実義にして深い意味を区別して語っているが、このとき彼はこれらの文字を顕教から密教の解釈へと読み替えることによって、その独創的な思想を開陳したのだとしばしば語られている。しかしたとえば訶字において、その字相が初期仏教において通常解された「因縁」、すなわち縁起説の解釈をなぞるものとしてまず語られていたのであれば、それに対する字義（実義）として空海が語ろうとするのは、縁起説そのものの読み替えでなければならないはずだ。

とはいえ仏教思想の発展の歴史からすると、こうした縁起説の読み替えは、顕教から密教へと仏教が変遷もしくは深化した時点で起こったというよりは、むしろ初期仏教の教理がナーガールジュナ（龍樹）によって徹底的に吟味し直されることによって、大乗仏教の思想の萌芽が芽生えたそのとき、もっともはっきりとした断絶を生むかたちで行なわれたと言うことができる。こうした読み替えは、一度行なわれてそのまま教理として踏襲されたというよりは、異なる論者によって微妙に違ったニュアンスで提示されたのだとも考えられる。そしてそのニュアンスの違いが、密教では密教独自のありかたを示した。そこにおいて空海の思想も開花し、確立されたと見ることができるのではないだろうか。

訶字の実義として、空海が強調するのは、それが「一切諸法因不可得」（あらゆるものは、その原因をもとめることが不可能である）という意味を持つということだ。字相においてはただ「あらゆるものは因縁によって生じる」ことが語られていたが、ここでは「諸法は展転して因を待って成ずるを以っての故に」「最後は依無きが故に無住を説いて諸法の本とす」（万物はその原因を遡っていくと次々と限りなく原因があって生ずるものであり、究極的な拠りどころとしての原因はないので、あらゆるものの原因は無住なのである）という、まったく逆の主張がなされている。その理由は、「種種の門を以て諸法の因縁を観ずるに、悉く不生なるが故に」（あらゆるものの因縁をさまざまな角度から観じていっても、ことごとく何か固有の原因から生じたということにはならないからだ）と空海は語るのだ。[*12]

空海は「種種の門を以て」という、意味ありげな言い方をしているが、彼がここで念頭に置いているのは間違いなくナーガールジュナの『中論』の第一章、「観因縁品」である。わたしもナーガールジュナの『中論』については、もちろん幾度も読み直してきたものの、この第一章は『中論』全体のなかでももっとも謎に満ちた部分であり、あまりにもそれが不可解であったために、かえって『中論』の議論に取り憑かれてしまった。

講義篇でも触れたが、インド人の論理に独特の考え方においては、たとえば①Aである、という命題があるとすると、これを否定する②非Aである、という命題が考えられるだけでなく、③Aかつ非Aである、④Aでも非Aでもない、という四種類の命題が列挙されることになる。これを四句分別（テトラレンマ）[*13]という。この四句分別は仏教以前からあるインドのロジックだが、『中論』においても冒頭の帰敬序において、「不生不滅」「不常不断」「不同不異」「不来不去」という四種類の第四レンマが、「八不」というかたちで、すべての戯論を寂滅させた仏陀の悟りの内容としてうやうやしく挙げられている。西洋の論理学では、①かそれを否定する②は命題として成立するが、③（第三レンマ）

や④（第四レンマ）は矛盾律や排中律に抵触するので排除される。しかし二項対立を超える論理を提示するために、インドでは③（第三レンマ）ばかりか④（第四レンマ）までを駆使する。たとえば「不生不滅」ということが言われるのであれば、それはそうしたかたちで、生滅の二元性の克服が模索されることになるのだ。

ところが、『中論』第一章においては、あらゆるものがそれらのものである原因は、①そのもの自体のうちにもなく、②他のもののうちにもなく、③そのもの自体と他のものの両方が原因なのでもなく、④それらのどちらも原因になっていない（無因）のでもないということが、いきなり宣言されてしまう。

『中論』を冒頭からいかにも不可解なものにしている、この「四不生観」が、『吽字義』の思想を解くうえでも一つの鍵になっている。そもそも十二支縁起においては、「無明があるから行がある、行があるから識がある…」といったように、「AがあるからBがある」という縁が辿られ、「老死」に至るという主張がなされるのだが、むろんこれは「老死」で終わりではなく、そこから「無明」に回帰

＊12　定本　第三巻、五四頁。
＊13　『リグ・ヴェーダ』の時代からすでに見られるこの四句分別を、ディレンマ、トリレンマに続くものとしてのテトラレンマと最初に名付けたのは、『ロゴスとレンマ』などの著書がある京都学派の哲学者、山内得立である。

して輪廻し続けるという循環が前提となっている。[*14]
「AがあるからBがある、BがあるからCがある…」という十二支縁起のロジックは、いくつかのステップを踏みつつもとの地点に戻る、そうした再帰構造を持っているのだ。[*15]

4　「四不生観」への着目

そもそも、『中論』の各章においては、縁起以外に扱われる対象についても、そこで挙げられる四句分別はことごとく否定されてしまうのが常である。たとえば第二十五章の「観涅槃品」においては、「涅槃は無いのでもなく、有るのでもない」という第四レンマについて言及されるが、その第十五詩句でこうした命題は「無と有が成立していてこそ成立しうるものである」と即座に退けられている。[*16]最初の帰敬序に挙げられた「八不」のうち「不常不断」（存在は永続するわけでもなく、断滅するわけでもない）によって、有と無の二辺を離れることが第四レンマ的に語られた以上、「涅槃は無い」「涅槃は有る」といったかたちで何かの主語を中途半端にそこに当てはめ、議論を振り出しに戻してしまうことは背理なのだ。

縁起についても、当然四句分別の第四レンマは、「AがあるからBがある」という、縁起の十二支における「A」や「B」（「無明」など）を、そのまま主語に当てはめることによっては成立しない。

そもそも「不常不断」の「離二辺の中道」じたいが、すでに最初期の仏教において説かれ、それらの議論を成立させせない格好になっていた。にもかかわらず、ナーガールジュナは先の帰敬序において「八不」を挙げた直後に、「戯論（けろん）の消滅というめでたい縁起のことわりを説きたもうた仏を、もともとの説法者のうちでのもっとも優れた人として敬礼したてまつる」[*17]と強調する。余計な第四レンマを削り落とすことは、ナーガールジュナにとって縁起説の否定ではなく、むしろ戯論を消滅させ、縁起説の真の論理的構造を浮かび上がらせることに繋がるようなのだ。

この「四不生観」について嘉祥大師吉蔵（かじょうだいしきちぞう）は、先の①〜④のすべてが否定されなければならない理由を、それらの順番を入れ替えて見事に説明している。[*18]

まず原因が他のものに求められる（②）とするならば、そうした原因はさらに他の原因を縁として持つことになるので、原因が無限遡行（無窮（むぐう））になる、それゆえ②ではあり得ない。これは空海が「あ

＊14　この順観と逆観（還滅門）がそれぞれに円環的に続くものであることについては、本書講義篇六六頁も参照のこと。

＊15　（縁起の説は）「有の輪、旋環して始無きこと」を示すと、説一切有部の解釈にもすでに見える。『順正理論』【大正】二九・四八三中。

＊16　『龍樹』、中村元、講談社学術文庫、二〇〇二年、三八七頁。（以下『龍樹』と略記。）

＊17　『龍樹』、三二〇頁。

＊18　『三論玄義』、吉蔵、岩波文庫、一九四一年、四一頁。

らゆるものはその原因を遡っていくと次々と限りなく原因があって生じているので、究極的な拠りどころとしての原因はない」（諸法は展転して因を待って成ずるが故に、最後は依なし）と述べていたのと同じ主張である。ならば原因がそれ自体にある（①）としたらどうか？　この場合はそもそも、縁じたいが必要なくなってしまう。これは、無因論であるとして却下される。四不生説においても、あくまでも縁起そのものが維持されることが目指されているのだ。

では原因が無限遡行に陥らず、無因論にならないためには、縁起はどのようなものでなければならないのだろうか？　すでに述べたように、十二支縁起そのものが循環的構造を持っていたことがこのとき重要になってくる。「AがあるからBがある…」というロジックは、「A」や「B」を実体化し、それらを出発点として考えるのではなく、「AがあるからAがある」「非AがあるからAがある」というループする構造として捉えられるべきなのだ。もちろん、「A」と「B」の両方を出発点としてもいけないし（③）、たんに「A」でもなく「B」でもないというだけであっても（④）無因論にしかならないのである。[*19]

このことについて、ナーガールジュナは『中論』第一章の第十詩句で大胆にも、「このことがあるとき、このことがある、というのは可能ではない」とまで主張している。[*20] そもそも十二支縁起が語るのは、人間の情念や煩悩がいかにして肥大するサイクルへ陥っていくかという、その機序である。アビダルマ仏教はそうした情念の心理学を精緻に体系化したが、むしろその議論じたいが、すでに膨大なものとなり諸説が紛糾していた。十二支縁起において真に重要なのはその構造であり、結局は妄念であるそれぞれの項（無明、行、識）と同様に、こうした理論上の紛糾そのものも戯論として括弧に入れられ、整理される必要があったのだ。

　十二支縁起には、それによって情念の増大の局面が順に辿られる順観と、それらが逆に辿られる逆観（還滅門）がある。これらはいずれもループする構造であり、互いに反対向きに辿られるが、このうちの後者はまさに、「Aがないから非Aがない…」「非AがないからAがない…」というかたちで、原因を「A」にも「非A」にも帰さないという意味で、第四レンマの構造そのものを明らかにするものである。これは『中論』による縁起説の解釈から出て、のちの大乗仏教に最大の影響を与えた「A」と「非A」との「相依性」と呼ばれる関係だが、縁起説そのものをこのように構造化して捉え、その構造を生みだすためのどの項にも、その原因が帰されないことが示されるとき、そうしたメタ的な言明においてのみ、ようやく第四レンマは語られる。ナーガールジュナが第四レンマを四種類（「八不」）に絞ったのはそのためであるし、それが一見縁起説と矛盾するようでいながら、紛れもなく「原因について語られる第四レンマ」でしかあり得ないのもこうした経緯による。ナーガールジュナ

＊19　この『三論玄義』の議論については、講義篇五九頁の議論と図も参照のこと。
＊20　『龍樹』、三二三頁。

は、「離二辺の中道」と縁起説を矛盾なく理解するために、それらを不可分なまでにハイブリッド化して、縁起説そのものを再解釈した。そこから「相依性」のような構造をも導いたが、そもそも第四レンマと縁起説が最初期の仏教においてともに重視されていることの真意を、彼はそれによって解明することに成功したのである。

空海が訶字の実義を、「一切諸法因不可得」（あらゆるものの原因は得ることができない）と読み替えている背景には、大乗仏教が発展する契機としての、ナーガールジュナによる縁起説のこのような再解釈があったことは確かである。しかしこれは、そうした読み替えの密教的展開に続く前段に過ぎない。ここからさらにあからさまに、縁起説の密教的構造化を空海は推し進めていくが、そこまで議論を進めるためにはナーガールジュナや中観派ばかりでなく、唯識や華厳が大乗仏教をどこまで展開していたか、またその世界観が、仏教以前のものを含めた人類の精神史において、どのような根源や射程を持ちうるものなのかが、問われる必要があるだろう。

5　レヴィ＝ストロースから三分結合説へ

「相依性」の構造の発見とともに、縁起を生みだすとされたそれぞれの項には、それだけでは自性（じしょう）がないとされた。「相依性」の関係においてあらゆるものは成立しており、無自性であることから、その後の大乗仏教の全体を特色づける「空」という概念が導かれるのである。[*21]

ところで『中論』解釈の歴史においては、「相依性」の構造は早くから、Aと非Aにまつわる論理学上の規定の問題としても捉えられるようになる。たとえばチャーンドラキールティは『プラサンナパダー』において「陽炎のような世俗の事物は、相依性を承認することによって成立する」[*22]と述べ、「あたかも短に対して長があるがごとし」[*23]といった表現を用いている。ここでは、二項対立的な対比によって事物が捉えられるとき、その前提となっているのが「相依性」というあり方であると主張されているのだ。『中論』において存在論的に語られた「相依性」の構造が、論理学上の規定、もしくは推論の前提として語られる一見奇妙な倒錯であるかのように思われる……。しかし、問題はそれほど単純ではない。事物のなんらかのあり方を二項対立的に捉えることは、インドの論理学のみならず、広く人類全般の思惟において見られるものだからである。レヴィ＝ストロースによる浩瀚な神話の論理の研究は、そうした神話的な思考がどのような展開を辿って世界を複雑に弁別し、意味づけるかについて豊富な事例をもたらしてくれる。厳密に言うと、二項対立はそこでは複数種のものが組み合わ

＊21 逆に自性 Svabhva を持つとは、ものごとがそれ自体によって成立し、同一的・恒常的にあることを指す。
＊22 『龍樹』、一八九頁。
＊23 『龍樹』、四五八頁。

さったものとして与えられ、それらの組み合わせが変化することによって、ある二項対立を兼ねた第三項（媒介）が見いだされるのがつねである。そしてこうした第三項じたいが別種の二項対立の一つの項であって、このような第三項の位置はまんべんなく置き換わり、出発点がどこであると規定できないような、円環的な関係が描きだされる（縮約）というのが、レヴィ＝ストロースが取り組んだ神話の論理であった。「学問には、還元的なものと構造的なものしかありません」[*24]と彼は述べたが、還元的にならないためには、媒介や縮約という操作を通じて、始点がどこにもない循環的構造が描かれねばならない。たとえば「火にかけたものは食べられるが、火にかけない生のものは食べられない」といったモティーフがある神話に見出されるとすると、「《蜜》は火にかけないが食べられる」、「《煙草》は火にかけるが食べられない」といった風に、次々と第三項が現れ、「《水》の起源」「《火》の起源」「《豚（食物）》の起源」などが語られる神話が、変奏するように次々生みだされる、と言うのである。[*25]

複数の二項対立のそれぞれの項のうちに媒介の役割を見い出したり、縮約の関係を辿ったりすることは、南北アメリカの先住民だけでなく、講義篇において見たように後期プラトンのテキストのうちに現れる、イオニアの自然哲学にも地続きで繋がっている。

この点については、紀元前八世紀にインドで成立した『チャーンドーギヤ・ウパニシャッド』に、三分結合説（trivrtkarana）という説が現れるが、これが興味深い事例をしめしている。三分結合説は、火と水と食物（地）という三神格について語ったものであり、これら三つがそれぞれ質料となって残りの二神格と結びつくことで、現象世界のすべてを成立させるという思想である。次のような対話のかたちでそれは説かれている。

（父が言った）「燃える火における赤い形態は、すなわち熱の形態である。白い形態は、すなわち水の形態である。黒い形態は、すなわち食物の形態である。このように見るなら、火から《火であること》は消え失せた。変化するものとは、ただ言葉による把捉である。すなわち名称である。三つの形態である、ということだけが真実なのである。」（『チャーンドーギヤ・ウパニシャッド』[*26]）

これは《火》を中心にした観想であるが、《水》についても《食物》（地）についても、それぞれこのような思索が行なわれる。つまりここでは三つの要素が、それぞれに残り二つの要素の媒介としての第三項になり、それらが循環して縮約をつくるところから、あらゆる現象の成立が説明されている

＊24　『神話と意味【新装版】』、レヴィ＝ストロース、大橋保夫訳、みすず書房、二〇一六年、一二頁。
＊25　レヴィ＝ストロースの神話論理については、講義篇での議論も参照のこと。
＊26　『チャーンドーギヤ・ウパニシャッド』六・四。こののち《食物》（地）に二項的に対立するものとして《風》が立てられ、四大元素説が生まれたことは自明であるように思われる。

わけである。三分結合説は、レヴィ＝ストロースが語った《火》の起源、《水》の起源、《食物》の起源についての神話、その「野生の思考」から、風火水土の四大元素を語るイオニアやインドの自然哲学までの過渡期の思考のあり方について、重要なヒントを与えるものであると言えるだろう。

複数の二項対立の組み合わせと、その変化によって複雑性を弁別することは、神話的思考にのみ起源を持つわけではなく、そもそも人類の認知のあり方そのものに深く根ざしたものであると言うことができる。講義篇で触れられたトルコ語の八つの母音は、ヤコブソンによれば[*27]それぞれ「円唇、非円唇」、「閉じた音素、開いた音素」、「後方の音素、前方の音素」という三種類の二項対立の組み合わせの違いによって異なった音と識別されている。——異なる八つの音素を作り上げている要素をさらに分解すると、それらが三種の二項対立であることが明らかになる。光の三原色についても似たような構造を認めることができる。——青と緑と赤の三原色は、すべて混じると白色光になるが、そのうち「残りの二色」（たとえば緑と赤）とある色を分けることで、「青」なら「青」と認識される。そしてこのとき、「緑」と「赤」の混ざったものは「青」に対する二項対立的な補色としての「黄」になる。たとえば「赤」を「残りの二色」（緑と青）から切り離すと、その補色は「青緑」となる。同様にして、「緑」を「残りの二色（赤と青）から切り離すと、その補色が「赤紫」になる、といった具合である。

先述の三分結合説の記述のうちにもすでに、二項対立と「二項対立の両項を兼ねるもの」（媒介）、そしてその役割の循環（縮約）についての考察が見られた。そこでは世界はあくまでも構造的で、そこに原因が帰されるような項を実体化することは慎重に避けられていた（「このように見るなら、火から《火であること》は消え失せた。変化するものとは、ただ言葉による把捉である」）。レヴィ＝ストロースが語った神話には無数のヴァリエーションがあるが、イオニアの自然哲学や三分結合説はそこから普遍的な構造そのものを取り出そうとする意図をもっている。二項対立と、それらを兼ねた第三レンマ（媒介）、「相依性」の循環的構造（縮約）によって、原因をどこにも帰さない第四レンマ（一切諸法因不可得）としての縁起という、仏教思想を萌芽させる根源的な素材は、「野生の思考」に共通する思惟のあり方を明らかにしめしており、とりわけ『中論』以降に確立される「相依性」の定義は、その構造の抽象性ゆえに、逆にさまざまな地域の土着の世界観と汎用的に融和し、また仏教そのものをも多様なかたちで発展させる契機となった。

6 唯識と華厳——新たな二項対立の発見

大乗仏教の縁起説がもともと語っていた情念や妄念が増大する仕組みについては、アサンガ

＊27 『音と意味についての六章』新装版、ローマン・ヤコブソン、クロード・レヴィ＝ストロース序、花輪光訳、みすず書房、二〇一七年、一一四〜一一七頁を参照のこと。

（無著）ヴァスバンドゥ（世親）が大成した唯識において、その高度な理論化が試みられたが、講義篇でも見たように、そこでは「Aがあるから非Aがある」「非Aがあるから Aがある」というフィードバックループが、「相分」（現れとしての対象世界）と「見分」（現れとしての対象世界を見ている限りにおける主体）のあいだで働く作用として捉えられた。さらにはこうしたループを自覚的に眺めている自証分と呼ばれるもの[*28]を含めた三項によって、識の基本構造が規定されたのである。しかも唯識においては、そうした識の三分じたいが、また別の識の「相分」となって現れるというかたちで、世界があくまでも相互包摂的にあるということが説かれている。——この点において、われわれを包摂する唯一の客観的な世界が存在するという西洋近代哲学の前提を否定する、現代の多自然論的哲学と人類学、またそのマルチパースペクティヴィズムと、唯識はきわめて親和性が高いと言えよう[*29]。

しかしながらこの相互包摂構造、つまりたんに「含むのでも、含まれるのでもない」というあり方は、もともと説一切有部の縁起観を批判するかたちで、ナーガールジュナが打ち出した「八不」とは異なる、第四レンマであることに注目する必要がある。唯識とともに、非還元的な世界の構造を示す重要な第四レンマが、新たな角度から前景化してきたのである。またさらに言うと、このような識と識の相互包摂関係を徹底したものとして世界を考えるならば、たとえ間接的にではあれ、一なるものにあらゆる多なるものが含まれ、またそうした一なるものもまた多なるものに含まれ、あるいはそうして他の一なるものに含まれるといった、網の目状をなす総体としてそれは捉えられることになるだろう。つまり、唯識から華厳の世界観まではほんの一歩で繋がるのであり、ここでもまた、一と多という二項対立が、「含むのでも、含まれるのでもない」という第四レンマを成立させる第三レンマ的な土台か、あるいはそれじたい第四レンマ的な素材として、新たに切り出されてくることになるのである。こうした重要な二項対立を見いだすごとに、大乗仏教は飛躍的な進化を遂げ、その結果反面では初期仏教や、それ以前の「野生の思考」からの繋がりが、もはや理解しがたいまでになってしまったのである。

これに対し空海とその密教は、あえて風火水地の四大に空大、識大を加えた六大を想起しつつ、「六大は無礙にして常に瑜伽なり」[*30]「無礙とは、渉入自在の義なり」[*31]といった具合に、華厳的な一と多の相互包摂する世界に、より始原的な「野生の思考」を導き入れてくる。それは『チャーンドーギヤ・ウパニシャッド』において、すでに「火から《火であること》は消え失せた。変化するものとは、ただ言葉による把捉である。すなわち名称である。三つの形態である」[*32]という風に語られていた。地

＊28　この識の三分に対して、後には自証分をさらに自覚するものとしての証自証分が立てられたが、これはむしろ屋上屋を架す議論であると言えよう。
＊29　グレアム・ハーマンが語る三項構造を持つオブジェクトの相互包摂については、拙著『実在への殺到』第七章、二節「多重の脱去――第三者のまなざし」を参照のこと。
＊30　定本　第三巻、「即身成仏義」、一八頁。
＊31　定本　第三巻、「即身成仏義」、二四頁。

大、水大、火大、風大は、実体化される元素やアトムのようなものではなく、変化のうちで媒介や縮約を生みだしながら構造的に世界を開示する「形態」、「あり方」としての属性、そうした意味における何らかのクオリアであり、またたんに「名称」であるとも呼びうるものだろう。空海の言語哲学についてはここではいましばらく措く。このような複数の二項対立の組み合わせの吟味と、別種の二項対立のえり抜きによって、仏教は高度に哲学化した。しかしながら、そもそも洋の東西を問わず、ギリシャや現代の西欧にあっても、こうした操作そのものが哲学というものを成立させ、また根本的に変化させる鍵なのだ。この点についても、掘り下げておく必要があるだろう。それは、なぜブディズムが、哲学として真理を語っているのかという問題を、とりもなおさず解明することだからである。

7　概念は二項対立の複合である

『哲学とは何か』[*33]でジル・ドゥルーズは、哲学が扱う概念（concept）について、「単純な概念というものは存在しない、あらゆる概念は、いくつかの合成要素を持ち、それらによって定義される」[*34]「概念は一つの多様体である。ただ一つの合成要素しかもたない概念というものは存在しないのである」[*35]と述べている。トルコ語の音素がそうであったように、また色彩の弁別がそうであったように、哲学を開始させるなんらかの概念は、そもそも複数の要素が結合したものとしてしかあり得ないのだ。

またドゥルーズは、「プラトンがいかに概念の巨匠であるかは、『パルメニデス』が示している通りである」とも述べている。[*36] プラトン後期の対話篇『パルメニデス』においては、実際に「一と多」という二項対立が問題とされている。しかもそれが「存在と非存在」「似ていると似ていない」という別の二項対立と組み合わされ、ときにその組み合わせが不可能であることが指摘されたり、別種の二項対立が組み合わせの対象として提案されたりするのである。[*37]

たとえば『パルメニデス』冒頭では、「存在」は「一なるもの」だけであるとするパルメニデスの弟子ゼノンとソクラテスが問答している。ゼノンは「存在」と呼ぶべきものは「一なるもの」であるとともに、「似たもの」でもなければならないが、もし「存在」が「多なるもの」であれば、それは「似たものでありかつ似ていない」ものであるということになり、背理だというのである。つまりゼノンは、複数の二項対立のうち「一」と「存在」を結びつけるみずからの前提を組み換え、「多」と

＊32 『チャーンドーギヤ・ウパニシャッド』六・四。
＊33 『哲学とは何か』ジル・ドゥルーズ＋フェリックス・ガタリ、財津理訳、河出文庫、二〇一二年。
＊34 前掲書、二九頁。
＊35 前掲書、二九頁。
＊36 前掲書、五五頁。
＊37 『プラトン全集4　パルメニデス　ピレボス』、田中美知太郎訳、岩波書店、一九七五年。

「存在」を結びつける仮定を行い、その結果を吟味するわけだ。

これに対してソクラテスは、「一と多」「似ていると似ていない」などの二項対立は、それらの項がそれぞれイデアとして独立に存在しており、別のものがそれらのイデアを分有するのであれば、それは矛盾ではないと語るのである。

だから、この種のもの、すなわち石や木材やそういったものについて、同じ一つのものが一であって、また多であることを明らかにしようとする人があるとしても、その人はある〔別の〕ものが一にして多であることを明らかにしようとしているだけのことであって、一が多であるとか、多が一であるということを明らかにしているわけではないと、われわれは主張するでしょう。（『パルメニデス』）[*38]

わたしの右の部分と左の部分が別のものであるように、わたしは「多」であり得るし、七人の人たちのうちの一人であるといったように、同時に「一」であったとしてもおかしくはない。[*39]石や木材のような第三の具体的なもののうちに、二項対立的な形相（イデア）が同時に属していてもそれは背理ではない、とソクラテスは主張する。注目すべきなのは、これが二項対立を併せもつ第三項（媒介）を求めることで、それらの二項対立を調停しようとする典型的なロジックであることだ。イデア論の根源にも、相変わらず「野生の思考」の影が揺曳しているのである……。このソクラテスの提案はもっともであるが、分有（metechein）という言葉の曖昧さからソクラテスは手痛い反撃を受けることになる。――「多」や「一」、の形相をそれらの第三項が分有するのであれば、それはその形相の全体を分有するのか、部分を分有するのか？　と老獪なパルメニデスは若いソクラテスに問いかける。そして彼は、部分であるとするならば、たとえば「大」のイデアを分有するものは、「大」のイデアそのものよりも（部分なので）小さいことになるし、そのため「小」のイデアを分有するのだとすると、「小」そのもののイデアはそれよりも（全体なので）大きいことになる、といった奇妙な批判を次から次へと繰り出して、ソクラテスをすっかり論破してしまうのである。[*40]

続く議論でもソクラテスはすっかり論破されてしまっているため、この対話篇『パルメニデス』は、プラトン自身がイデア説をみずから否定した書物なのではないかという疑念すら生んだ。ソクラテスが、そもそも二項対立的なコントラストを持つものとしてイデア論を提示し、それらをともに分有（metechein）する第三項（媒介）について言及したまでは良かったのだが、分有（metechein）という

＊38　前掲書、一八頁。
＊39　前掲書、一八頁。
＊40　前掲書、一三～三〇頁。

言葉そのものが、そのラテン語訳participatioと同様、もともと両義性をもつ語であったところに困難があったのではないだろうか。この語は多くのものがグループとなって何かを共有するという意味を持つが、そのようにしてある具体物が何らかのイデアを含むことを強調すると、その具体物がむしろそのイデアを共有するグループに属していることによって、奇妙なことになる。――「含むと含まれる」の二項対立は、パルメニデスによって「全体と部分」という二項対立に言い換えられ、普遍的なもの、全体的なもの、大きいグループに具体的な個物は属するのだというロジックに、ソクラテスは引き戻されてしまう。

ギリシャの古典論理以来、西洋では一般に、個別的なものがより普遍的なものに分類されることをもって「判断」とする。たとえば「ソクラテスは人間である」「人間は死するものである」といった具合にである。[*41] この場合、「含むもの」と「含まれる」ものの役割は固定し、それが何層かに階層化されるとしても、一方向的になってなってしまう。上の命題において「人間」が「ソクラテス」を含み、また「死するもの」に含まれるものでもあるという二重性を持っていたとしても、「含むもの」と「含まれるもの」の関係はそこでは決して可逆的にならず、その意味で「含むと含まれる」の二項対立は決して解消されないのだ。このとき矛盾律や排中律も成立する。レヴィ＝ストロースの語る「野生の思考」のように、それは第三項的な媒介を採りながら「縮約」するということがない。仏教的な言い方をすれば、それは開かれた無窮（むぐう）の論理のままなのである。

哲学者たちがここで繰り広げる弁論（ディアレクティケー）とは、いかなる営みなのだろうか？　概念はもとより、他の概念と混淆したかたちで与えられている。これはギリシャ人たちにとっても自明の前提である。そうした二項対立の組み合わせを、ときにその組み合わせ方を変えつつ吟味するといったことが行なわれる。――たとえば、存在が一なのではなく多である、といったように――このとき、そのうちの一つとおのずと同義と思われる別種の二項対立が浮上することもあるだろう。ここからさらに、その言い換えられた二項対立を代わりに入れて、先に吟味された二項対立の組み合わせを捉え返すと、その組み合わせが背理であったように思われる……。「概念の巨匠」とドゥルーズによって称される偉大なプラトン。彼は「部分と全体」「一と多」「含むものと含まれるもの」などの二項対立をこのようにして巧みに腑分けしてみせたし、そうして生まれた諸概念に、ソクラテス以前からの諸概念までを含めて、アリストテレス以降の哲学は再解釈し続け、またそこに新たな概念を加えてきた。根本的には色彩や音素の弁別が行なわれるのと同じように、複数の二項対立が組み合わさったものどうしを区別することで、哲学の概念も生まれてきている。色彩がたった三つの原色から成っているとしても、そこから限りなく複雑な色彩が導かれるように、根源的で普遍的な要素を見いだす

＊41　古典論理学における三段論法による推論は、このような判断を重層し、排中律が完全に成立する条件を満たすことによって結論を確定するものである。

ことは、複雑さを犠牲にすることではなく、むしろその逆である。哲学と仏教の対話も、そうした根源的な普遍性に立つことによってこそ真に可能になるだろう。

8　「二重性」の論理

イデア説を模索するソクラテスにも、複数の二項対立の弁別と調停、第三項（媒介）を手繰ること、といったロジックが息づいており、本書の講義篇でも見たように、プラトン後期の『ティマイオス』に現れる奇妙な議論のいくつかは、そうした観点から見ない限りその意図を推し量ることは困難である。とはいえ、西洋の思考においては、複数の二項対立について、それらどうしが結びつく「正しい」組み合わせというものを固定的に導こうとする傾向が、比較的強く見られたことも事実であろう。第三項（媒介）を次々と導き、その役割をお互いに一巡させて「縮約」を作るためには、複数の二項対立の結びつき方を変え、複数の二項対立のあいだで循環する構造を作る必要があるのだが、西洋のロジックは必ずしもそうならず、問題を異なるやり方で解いてきた。どういうことだろうか？

それは、対話篇『パルメニデス』で見事に、ソクラテスのイデア論が覆されてしまった先述の議論とも関わっている。まだ若いソクラテスが持ちだした分有（metechein）という言葉が、「多くのものがグループとなって何かを共有する」という語義を持ち、それゆえ①その「多くのもの」にその「何か」が属しているという意味と、②その「多くのもの」が持っているものが、その「何か」の部分に過ぎず、結果としてその部分を持っているものたちがグループをなしている（というかたちで「全体」としての「何か」に属している）という意味の、二重のニュアンスを持っていたことを想起しよう。――複数の二項対立が調停不能なものとしてあるとき、こうした両義性、二重の意味をもった二項対立に着目し、「二重性による二項対立の解消」という方法を採用し、他の二項対立をそうした両義的な二項対立と同化することで、連鎖的に問題を解決しようとするアプローチが、西洋哲学には伝統的にあるのだ。ソクラテスが分有という語を持ちだした背後にも、そのような意図が隠されていた。永遠不滅のイデアと現実の世界が異質なものとして乖離してしまわないように、彼はやや不用意にこの語を持ちだす。そしてパルメニデスによって、その議論が収束していないことを論難されたのである。[*42]

ドイツ観念論からロマン派以降の理論では、このような「二重性」を帯びた二項対立はおもに「主体と対象」である。思惟の主体（精神）は、思惟の対象（現象世界、感覚的世界）をみずからの思惟のうちに「含む」が、そうした思惟の主体（精神）もまた、反省的には思惟の対象に「含まれ」うる。――むしろ、そうした反省的な思惟のうちに階層をまたぎつつ自己定立するのが主体（精神）の働きなのだと、たとえば彼らは考える。[*43] これは二項対立を「二重性」によって、なし崩し的に解消しよう

＊42　前掲書、一一一～一一九頁。

とする典型的なロジックである。たとえばこれに、現象世界の多様さを統一するのが主体（精神）の役割であるといった具合に、別の二項対立が重ねられていく。さらには、そうした統合の「内部と外部」といったものも、こうした「二重性」のうちで境界が曖昧になっていく……。[*44] しかしこうしたロジックによって、単独で二項対立の両項のうちに「二重性」をもったものと、別のさまざまな種類の二項対立の組み合わせられ方は固定化されてしまう。これは、そうした「二重性」を持った二項対立のうちに、他の種類の二項対立を還元してしまう還元主義なのだ。たとえばプラトンの『パイドロス』を読解し、「毒であり薬である」という「パルマケイアー」（pharmakeia）という語を解釈することから、そこに西洋形而上学を特徴づけるさまざまな二項対立の境界を曖昧化し、それらを脱構築するヒントを見いだそうとするデリダの議論も、[*45]「二重性」に拠ってその二項対立がなし崩されるとされる、特定の二項対立と同じ方法で、連鎖的に他の二項対立を曖昧化しようとする典型的な西洋の論理の延長に過ぎない。二項対立の問題を扱った西洋哲学は、とりわけ二〇世紀の後半には西洋中心主義や人間中心主義への批判を声高に宣揚（せんよう）したものの、こうした意味であくまでも西洋的な価値相対論、文化相対論の枠組みから逃れられてはいなかった。この「二重性」のロジックに留まることは、二項対立をなしくずし的に曖昧化、無化することを企図しながらも、収束することのない、開いたままのプロセスにつねに身を置き続けることを強いられることであった。相対主義のもとで、さまざまな文化的な価値を保留され、分断されることだけがそこでは可能であった。そこでは相対化が、自己目的化され続ける必要があり、そうした条件がまた、二〇世紀のポストモダン思想を終わりなき「差異の哲学」たらしめていたのである。

9　多自然論としての仏教

こうしたグローバルな価値相対論や多文化論によっては、「野生の思考」はおろか仏教が意図したことも皆目分からない。またそれと深く結びついて長い時代を経て温存されてきた非西洋人の文化的感性——それればかりか、西洋文化の感性の深奥すらも——は、ほとんど理解できなくなってしまう。こうした傾向にはっきりとした変化の兆しが現れ始めたのは、二一世紀に入って多自然主義とマルチパースペクティヴィズムを標榜し始めた文化人類学や、哲学においてである。多文化主義から多自然

＊43　これはフィヒテなどに典型的に見られる思考であり、他のドイツ観念論の哲学者やロマン派もまたこうした発想を採る。ドイツ・ロマン派は、この重層的なプロセスをむしろ感覚的な所与である「思惟の対象」が次々と括弧にいれられ、相対化されていく運動として捉えた。

＊44　このような「内部と外部」の「二重化」という議論も、ポストモダン哲学において頻繁に用いられたものである。

＊45　『散種』(「プラトンのパルマケイアー」)、ジャック・デリダ、藤本一勇・立花史・郷原佳以訳、法政大学出版局、二〇一三年。

主義へ、というスローガンが、ブラジルのヴィヴェイロス・デ・カストロのような一部の人類学者から唱えられ始めたとき、それが新しい世紀の最大の課題であることを予告するものであると気づいた者は、それでもまだ少数であった。ヴィヴェイロスの議論は、レヴィ＝ストロースの高弟フィリップ・デスコラ、ミシェル・セールの思想的系譜を引くブリュノ・ラトゥールらによる、西洋近代文明とそのオントロギーの抜本的な見直しと影響を与えあいながら深化し、ポストモダン的な多文化主義が近代主義の遺制を色濃く遺していることが誰の目にも明らかになってきたのである。*46

多文化主義から多自然主義へ、という表現は、実はその趣旨の反面しか語ってはいない。問題は二〇世紀までの文化相対主義、多文化主義が、文化的な多様性を許容する一方で、自然や世界そのものについてはあくまでもそれが単一のものであるという前提を持っていたところにある。客観的で唯一の自然というものが、人間たちの働きかけとは別にあらかじめ外在していると近代人は考えた。近代西洋の世界観においては、先述の「二重性」のロジックのもとで、主体（精神）に現象世界の表象を統合し、整合する役割を帰する一方で、そのプロセスじたいは開かれたまま、未完のままであらざるを得なかった。その意味で西洋文明は相対主義をいわば手なずけてきたし、多文化主義もその延長線上にあった。西洋文明が主体（精神）に強い統合的な役割を持たせてきたこととの裏返しが、多文化主義なのである。その一方で対象世界については、やがて文化的差異を超えた客観的理解が成立するであろうことが前提とされ、その意味において世界は単一であると考えられたのだ。

こうした思考には、欺瞞と大きな盲点がある。一つには人類が対象世界や環境に働きかけ、またそこからのフィードバックを受けるというあたりまえの事実を、それが覆い隠しているということである。もう一つは、ある対象に複数の主体がこうしたフィードバックループを持つというとき、異なるフィードバックループにおいて捉えられたその対象は、違うパースペクティヴから眺められた「別の」対象であるということである。――他の生物種がこうした意味において異なるパースペクティヴを持っていることは、狩猟民たちにとっては自明であり、複数のパースペクティヴの重なり合い、相互包摂を意識しながら、彼らは狩りや危険の回避を優位に進める。[*47] 複数のパースペクティヴは意識されるが、それらは決して統合されることはないし、むしろ競合する。そこではあくまでも「別」の自然が眺められているが、パースペクティヴの競合において人間だけが特権的であるわけではない。[*48] ――ヴィヴェイロスがアメリカ先住民の世界観のうちに見いだした「宇宙論的パースペクティヴィズム」[*49]は、他の種と人類をまたいだこのような複数のパースペクティヴの競合、並存に根ざしたものだ

＊46 ヴィヴェイロス・デ・カストロ、ブリュノ・ラトゥール、またエドゥアルド・コーンら、マルチパースペクティヴィズムの人類学と、思弁的実在論、オブジェクト指向存在論といった今世紀における新しい実在論の動向については、拙著『実在への殺到』（水声社、二〇一七年）を参照のこと。

＊47 『森は考える――人間的なるものを超えた人類学』、エドゥアルド・コーン、奥野克巳他訳、亜紀書房、二〇一六年を参照のこと。

が、「多自然」であるとは人類がまさにそうした状況においてあらざるを得ない、ということの今世紀における再確認でもある。人新世[*50]と呼ばれる地質学的時代を生きる私たちは、人類の地球環境への働きかけが最大になった時代に否応なしに暮らさざるを得ないし、またそのフィードバックもさまざまな異常気象の蔓延によって、明らかに蒙っている。そうしたフィードバックループは多種多様なかたちで起こっており、地球そのものがいまやブラックボックス的な媒体としてそれらを結びつけている……[*51]。

あるいは、現在の情報環境において、関心を集める事件や商品とそれにアプローチする無数の人々の関係はどうであろうか？　そこで現出しているのも、限定的にしか可視化されない複数のフィードバックループと、そのブラックボックス的な媒体である。「客観的で唯一の世界」という世界像から、私たちは再び遠く離れてしまった。マルチパースペクティヴと多自然論は、今日の私たちにとってむしろ馴染み深い世界観であり、さまざまな生活の実感に即しているとすら言えるだろう。

今世紀になって、マルチパースペクティヴィズムや多自然論というかたちで人類学や哲学が語り始めたものは、狩猟民的な価値観だけでなく、仏教が古くから説いてきた世界観を彷彿とさせるものである。無数に充満する「器世界(きせかい)」たちの宇宙、その外部に唯一の外在的な世界を想定しない、唯識から華厳へと展開する相互包摂的な宇宙。たとえば「水」を魚が見るのと、天人が見るのと、人が見るのと、鬼が見るのとではどれも違っているという「一水四見」という仏教の考え方などは、今日のマルチパースペクティヴィズムや多自然論を経由してこそ、その真意を解することができるだろう。仏教で説かれる「外界非実在論」は、かつては西洋哲学を参照するなら懐疑主義や観念論としか比較できなかったし、そうした時代的制約からも不可解な主張としか思われなかった。しかし今日では、同時代的な多くの参照項があるばかりでなく、また人類学的な視点も導入しつつ、そこで語られている内容を吟味することが可能になってきた。いやむしろ、必要になってきたと言うべきであろう。

さらに重要なのは、多自然論やマルチパースペクティヴィズムが、科学的世界観と相容れないも

＊48　ヴィヴェイロス・デ・カストロによれば、こうした競合に参与している限りで、他の種の生物たちもまた「人間」なのだ、という表現をアメリカ先住民が採ることもある。フィリップ・デスコラはこうした関係から、西洋的なナチュラリズム的な世界観は「単自然的で多文化的」、非西洋のアニミズム的な世界観は「多自然的で単文化的」である、と定義づけている。

＊49　Eduardo Viveiros de Castro, "immanence and fear" in *Nature Culture 01:The human and the Social*(English translation by David Rogers), p.95.

＊50　オゾンホールの研究でノーベル賞を受賞した化学者パウル・クルッツェンが二〇〇〇年に提唱した概念。地質学的な時代区分としてわれわれはもはや完新世にいるのではなく、人類そのものが地球環境を激変させることによって特徴づけられるあたらしい時代にいるとし、彼はこれを「人新世」と名づけた。

＊51　科学の対象と人間主体による複数のアプローチのあいだで生まれるフィードバックループを扱ったアクターネットワーク論を確立したブリュノ・ラトゥールが、晩年地球そのものをこのような意味における媒体として捉える「ガイア」概念を提唱していたのも、まさにこうした時代意識に基づくものである。

の、もしくはそのアンチテーゼとして提示されているものではないということだ。たしかに、ポストトゥルースの時代、近代的合理性に一向に回収されない複数の政治的イデオロギーが共存する現代に生きている私たちにとって、客観的真実と呼ばれるものが疑わしく思われることが多いのも事実である。とはいえ、たとえばラトゥールの議論では、科学の対象としての自然が、人間による働きかけ以前に客観的に成立しているという前提が近代の欺瞞として批判されているが、むしろ科学そのものの成立過程についてはより具体的で、より客観的な分析が示されている。彼の考えでは、複数のパースペクティヴやフィードバックループが競合することは、科学の記述対象が確立されるためには逆に必須なのだ。――つまり、科学の成立過程や技術のイノヴェーションの現場においては、ある対象を媒体にして主体側（研究や技術的開発に参与するさまざまなアクター）の複数のフィードバックループが合流し、競合するといった状況が生じるが、こうした状況においてこそ、むしろその対象はいずれの主体側の予期とも違う作用を表わしてくる。[*52] 実際には科学の記述対象はこうした局面において初めて成立するし、歴史的にもそのように確立されてきたというのがラトゥールの議論であり、今日の科学社会学において広く認められている考え方である。[*53] 科学人類学者としての彼の主張と、多自然論やマルチパースペクティヴィズムの肯定、客観的で唯一の世界が外在しているという近代的価値観の批判は、まったく矛盾していない。

今世紀になって起こってきたこのような世界観の捉え直しは、哲学的に吟味するとより本質的な背景を持っていることが分かる。すでに見たように、単自然論で多文化主義という世界観は、主体（精神）が現象世界の多様な表象を整合、統一するものでありながら、そのプロセスがまた未完のものでもあり続けなければならないとされる近代的な世界像の裏返しであった。対象世界はあくまでも「整合・統一されるべきもの」であったから、「客観的で唯一のもの」（単自然）であることが前提されたのである。対象世界の現象はだから、あくまでも実際には未収束で多様であり続ける必要があった。

一方で多自然論やマルチパースペクティヴィズムは、複数のパースペクティヴやフィードバックループがある対象において合流、共存すること、そのずれについて語るものである。ここでは主体からの働きかけが、むしろ複数的なのである。これらの世界像は、より具体的には、「主体と対象」「一と多」という二種類の二項対立が異なる組み合わさり方をしているために生まれているのだ。

ここではたして、何が起こっているのか？ それは哲学上の概念としても、プラトン以来重要な意義を持つことが意識されてきた、「一と多」という二項対立が、西洋哲学において伝統的に「二重

＊52 『社会的なものを組み直す　アクターネットワーク理論入門』、ブリュノ・ラトゥール、伊藤嘉高訳、法政大学出版局、二〇一九年。『ミシェル・セール　普遍学からアクター・ネットワークまで』、清水高志、白水社、二〇一三年を参照のこと。
＊53 『科学技術社会学（ＳＴＳ）　テクノサイエンス時代を航行するために』、福島真人他編、新曜社、二〇二一年を参照のこと。

性」による解決のかなめになってきた「主体と対象」という二項対立と結びつき、さらにその組み合わせが、逆転するという事態なのである。複数の二項対立を、「二重性」によって解消しようとする西洋近代哲学の核心部に改変が加えられることで、狩猟民的な世界像や、仏教の宇宙観が私たちにとって急激に身近になってきた、理解可能なものとなってきたということなのだ。

むろんこれは、一つのヒントに過ぎないが、私たちは哲学上の極めて重要な概念を、また別の角度から吟味し直す大きな手がかりを得たわけである。異文化圏の人たちが持っている世界観は、近代西洋文明とは別のオントロギーによるものである……。こう指摘するフィリップ・デスコラらの議論は、「人類学の存在論的転回」と呼ばれたが、これはセンセーショナルで誇大な修辞などではない。それら異なる文明の思考を参照しながら、そもそもはじまりの時から哲学が行なってきた営為に立ち戻り、近代の思考がぶつかったアポリアをそれによって突破しようと試みること。今世紀の私たちにとって課題となるのは、まさにそうした大胆な挑戦であるだろう。

10　仏教解釈の存在論的転回

わたしが本書で試みるのは、「仏教解釈の存在論的転回」である。多自然論やマルチパースペクティヴィズムは、西洋近代の世界観に対して、環境的にも技術的にも限界が突きつけられる今日にあって、ヴィヴェイロス・デ・カストロやブリュノ・ラトゥール、フィリップ・デスコラ、英語圏ではティム・インゴルドなどの人類学者たちの先駆的な仕事を通じてその概念が浮上してきたが、哲学の側からもその動向に素早く反応した人物がいた。それが他ならぬミシェル・セールである。彼はフィリップ・デスコラの『自然と文化の彼方』[*54]に触発されて『作家、学者、哲学者は世界を旅する』という一書をものしたし、[*55]彼が晩年に構想した「幹-形而上学」(Métaphysique Souche)という概念も、このデスコラの仕事からヒントを得ているのだ。

デスコラは「主体と対象」「一と多」という二種類の二項対立の組み合わせから、アニミズム、ナチュラリズム、トーテミズム、アナロジズムという四つの文化的構造を抽出したが、[*56]セールはこの試みを「四つの群島」と呼び、哲学の根源的な営みと結びつけようとする。その着想について、彼はまたみずからこのように語っている。

＊54 Philippe Descola, *Par-delà la nature et la culture*, Paris, Gallimard, Bibliothèque des sciences humaines, 2005. 邦訳『自然と文化を越えて』(叢書 人類学の転回)、フィリップ・デスコラ、小林徹訳、水声社、二〇二〇年。

＊55 Michel Serres, *Ecrivains, savants et philosophes font le tour du monde*, Pommier, 2009.(以下Eと略記)邦訳『作家、学者、哲学者は世界を旅する』(叢書 人類学の転回)、ミシェル・セール、清水高志訳、水声社、二〇一六年。

色とりどりのマントを羽織ったアルルカンが、白い、月に憑かれたピエロにもなり得たように、あたらしい群島は散らばり、それから一種の大陸もしくは白黒の明暗画法(グリサイユ)で描かれた総体になろうとする。——一種の幹（Souche）になろうとするのだ。わたしはこの万能（Totipotent）形而上学が、自由な創意やあたらしさの選択をさせるに十分なほど柔軟なものであることを願っている。[*57]

複数の二項対立が組み合わさった複合的なものとしての概念は、色彩で言えば白色光のようなもの、生物の細胞でいえば幹-細胞のようなものだ。哲学における幹-細胞にあたるもの、「幹-形而上学」（Métaphysique Souche）は、そこから遡行して複数の二項対立を弁別し、それらの組み合わせを変化させることによって吟味することを可能にするものでなければならない。ここで白黒の明暗画法(グリサイユ)というのは、二項対立的なコントラストを喩(たと)えたものだ。多自然論やマルチパースペクティヴィズムに分け入った人類学は、西洋から見た他者に見られる文化的な特徴が、存在論的次元での相異であることを示唆したが、哲学の側から見ても、まさに彼らが見いだしたような違いを弁別し、操作し、調停することが、その本来なすべきことであった。そうした操作によって、複数の二項対立が固定的に結びつけられていた状況から、私たちはより包括的な視点を得られるはずなのだ。

ところで、このデスコラの議論は二項対立の種類を「一と多」「主体と対象」の二種類に絞っているが、ここではむしろそこで扱われた二項対立の種類そのものよりも、そうした操作によって、彼がレヴィ＝ストロース的な学問のエッセンスをわずかな要素で凝縮してみせたことに注目するべきだろう。複数の二項対立の組み合わせを固定的にではなく、ツイストさせて捉えるという発想は、講義篇でも触れた「カリエラ型婚姻規定」に見られるように、[*58] レヴィ＝ストロースの学問に早い時期から見られたものである。ある二項対立に対し、別の二項対立の一つの項は第三項的に、それらのどちらでもあり得るものとなる（媒介）、そしてその役割を、どの項も順繰りに引き受けることで、循環的な閉ざされた構造が生じる（縮約）という独特の分析は、のちの『神話論理』では遥かに複雑なものとして辿られたが、[*59] ごく限られた二項対立の組み合わせによっても可能なのだ。

しかもデスコラは、二項対立を「二重性」のロジックによって解決しようとした西洋近代の思想において鍵となった、「主体と対象」という二項対立を、ことさらに二項対立の本源的な複合のうちに組み込み、それを可換的に組み換える操作を行なうことによって、西洋近代のパラダイムを自覚的にその構造のうちに吸収してみせた。レヴィ＝ストロースが分析した「野生の知」は、膨大で複雑な事例

＊56 『自然と文化を越えて』、またセールのデスコラ論を扱った拙著『ミシェル・セール』第六章を参照のこと。
＊57 *E*, p.12. 邦訳、一八〜一九頁。
＊58 『親族の基本構造（上）』、クロード・レヴィ＝ストロース、花崎皋平訳、番町書房、一九七七。

に裏付けられていたが、西洋近代の知とはあくまでも対比関係であった。デスコラがしめしているのはこれに対し、構造的な吸収である。

仏教において「相依性」が、縁起と第四レンマを高度にハイブリッド化した、構造的思惟のミニマムな表現でかつ汎用性の高い概念であったこと、またそこにあらたな鍵となる複数の二項対立が見いだされることで、唯識や華厳といった仏教が見事に開花したことは、すでに見たとおりである。西洋近代の知を「構造的に吸収」し、そこからさらにセールが語る白色光のような、哲学における幹－細胞的なあり方に立ち返るためのヒントを、デスコラは私たちに与えてくれるが、この場合もさらに複数の二項対立が、あらたな鍵として抽出される必要があるだろう。

11　トライコトミーという方法

レヴィ＝ストロースの高弟でありコレージュ・ド・フランス[*60]における後継者でもあるデスコラは当然として、それ以外の現代の人類学者たちのうちにも、レヴィ＝ストロース的なるものはやはり色濃く受け継がれている、ということはここであらためて主張されてもいいだろう。すでに述べたように、ラトゥールは科学の記述対象が人間の関与より前に素朴に外在しているという考え（①）を否定する。その一方で、彼はそれがただ人間集団の合意や意図によって作られるものであることをも否定する[*61]

（②）。つまり対象と幾つもの主体側のアプローチのあいだには、複数のフィードバックループがあることがあくまでも前提となっており、①の考えにも②の考えにも非還元的であるのがみずからの立場であると彼は述べている。「学問には還元主義的なものか、構造的なものかの二通りしかない」と語っていたレヴィ＝ストロースの言葉を思い出そう。ここでラトゥールが重きを置いている、競合するフィードバックループもまた、「主体と対象」「一なるものと多なるもの」のあいだでの循環的で非還元的な関係であり、またそれを構造的に捉えたものなのだ。そしてこのとき対象の側に「能動的な働き」が見いだされたり、そもそも一つの対象がまた別のもの（別のパースペクティヴから捉えられるもの）でも、多なるものでもある、といった具合に、二項対立どうしの結びつきも可換的となり、なんらかの二項対立の項（たとえば「対象」など）も、別の二項対立に関して両義的、媒介的になっている

＊59　『神話論理』（全五冊）、レヴィ＝ストロース、早水洋太郎訳、みすず書房、二〇〇六年～二〇一〇年。
＊60　コレージュ・ド・フランスCollège de Franceは、フランスの特別高等教育機関で、世界最高峰の研究機関の一つである。アンリ・ベルクソンやガブリエル・タルド、ピエール・ブルデュー、レヴィ＝ストロースら錚々たる碩学たちが教授に就任した。
＊61　これは科学の対象や技術のイノヴェーションが、研究者集団や技術の消費者たちの社会的合意によって生みだされるとする考え方で、社会構築主義と呼ばれる。二種類の立場を批判するラトゥールの非還元主義については、『ブルーノ・ラトゥールの取説　アクターネットワーク論から存在様態探求へ』、久保明教、月曜社、二〇一九年を参照のこと。

のが分かる。彼のアクターネットワーク論はミシェル・セールの準–客体論からも影響を受けているが、[62] 同時にそれはレヴィ＝ストロース的なものでもあるのだ。

われわれは同時代の哲学のうちにも、また別の手がかりを求めることができる。――ラトゥールを強く意識した現代哲学者であるグレアム・ハーマンは、ラトゥールの議論が中心的なアクター（対象）を基盤的な出発点にしすぎていると批判し、またそうした諸アクターの関係が外面的に捉えられていると指摘した。そうしたアクターはそれじたい多くのものから成っており、それらとの関係を内部に含んでいるという意味で、「一なるもの」であるとともに「多なるもの」なのだ、と彼は主張する。彼が提唱するオブジェクト指向哲学[63]も非還元主義の哲学だが、彼によれば従来の哲学は対象（オブジェクト）を、それが置かれる外部的な文脈に還元するか（上方解体 overmining）、それを構成する内部的な要素に還元するか（下方解体 undermining）のいずれかであり、そのどちらでもない非還元的なものとしての対象を捉えてこなかったのだという。[64] これもまた、「Aと非Aのどちらでもない」という第四レンマ的な言明であることに注意するべきだろう。つまり彼は、「内と外」（ないしは「含むと含まれる」）という二項対立をあらたに提示しながら、その中間に「対象」という、「主体と対象」という二項対立の一方の項を置くことによって、ラトゥールのようにフィードバックループの循環的作用を辿るまでもなく、非還元の構造を即時的に直観しうる、それこそが端的な「対象」である、と主張しているのだ。

「対象」はまた、「一なるもの」であるとともに「多なるもの」でもある、というハーマンの見解にも注目すべきである。「対象」は「一と多」という二項対立を兼ねた第三レンマでもあるのだ。ハーマンの議論が示唆するのは二項対立の要素を三種類に増やすことで、ラトゥールのように循環的な状況分析を経るまでもなく、第四レンマ的な構造がすぐさま直観できるではないか、ということだ。

＊62 『虚構の近代』でブリュノ・ラトゥールは、ミシェル・セールが一九八〇年に『パラジット』という書物で提示した「準-客体」という概念を援用して、アクターネットワーク論そのものを説明している。準-客体とは、セールによればラグビーのような集団競技におけるボールのような媒体であり、この媒体には複数の主体（プレーヤー）がアプローチするが、それによってむしろボールは能動的な働きをしめし、主体たちを攪乱する。こうした場合の「半ば主体的な」客体を準-客体と彼は呼んだ。実際には、セールは初期から数理的な問題について「一つの対象に、主体の複数のアプローチが存在し、その対象が媒体になっている」という状況を考察しており、とりわけ数学的対象というものが――ある正方形の二倍の面積の正方形を求めよという問題を解くのに、一辺の長さを算術的に調整して解こうとする少年奴隷と、最初の正方形の対角線を一辺とする正方形を作図することで、ただ幾何学的にだけ解くことができる（無理数についてよく知らないので）ソクラテスが登場するプラトンの『メノン』の頃から――そうした媒体、合流点としてこそあるということを彼は繰り返し主張している。準-客体は、それを平易な比喩でモデル化したものである。

＊63 拙著『実在への殺到』（水声社、二〇一七年）第七章「グレアム・ハーマンについて」を参照のこと。

＊64 『四方対象』、グレアム・ハーマン、岡嶋隆佑・山下智弘・鈴木優花・石井雅巳訳、人文書院、二〇一七年、第一章「解体と埋却」を参照のこと。

ハーマンのオブジェクト指向哲学を詳しく解説したり、祖述したりすることは容易だが、わたしにとって彼の思想の可能性の中心、そのもっとも魅力的な着想はまさにここにある。

「主体と対象」「一と多」に、「内と外」（ないしは「含むと含まれる」）という二項対立をさらに加える、二項対立の種類を限定しつつも増やすことによって、構造をより直観しやすくするという議論の進展は、仏教において「相依性」の概念が生みだされて以降、たとえば唯識が相互包摂（「含むと含まれる」）という二項対立をそこに加味し、また華厳が「一と多」（一即多）という二項対立に着目してそれらを組み合わせ、大乗仏教の教理が開花していったこととまさに符合している。『今日のアニミズム』においては、これら三種類の二項対立を組み合わせることによって、媒介と縮約の循環的構造をつくり、原因となる始点がどこにもないあり方について考察した。講義篇でも語られているトライコトミー（三分法、trichotomy）という形態がそれである。

ここで注意すべきなのは、この三種の二項対立のうち「主体と対象」「内と外」（ないしは「含むと含まれる」）の両者が、すでに述べた「二重性」のロジックの足掛かりとなる重要な二項対立であったという点である。すなわち、「含むと含まれる」はプラトンにおいてすでに「分有」（metechein）の概念と結びついたきわめて微妙な二項対立であり、あらゆるイデアがこの「二重性」に関わっていた。そしてまた「主体と対象」は、ドイツ観念論やロマン派的な意味における「二重性」の骨子であり、[*65] 近代西洋哲学の世界観を形成する基盤にもなった二項対立である。これらがわざわざ、「二重性」のロジックとは異なるかたちで、媒介と縮約を作るように組み合わされ、第三レンマ的、第四レンマ的な構造をしめすようになったのがトライコトミーなのだ。

12 縁起説の構造化

ラトゥールやデスコラ、ハーマンの思考を手がかりに、非還元的で循環的な構造のミニマムなモデルを作ること、セールが哲学における幹-細胞的なものと呼んだ複合的概念を扱うことは、西洋近代の文明が今日直面している、たとえば自然環境と人類とのいびつな関係や、単一で客観的な世界が外在するという前提の瓦解などの状況に対して、新たな世界像を模索するための手がかりとなるが、かならずしもそこで扱われる二項対立の種類を固定的に考える必要はない。非還元的に複雑な多様性を弁別するということがいかにして可能になるのかを、さまざまな対象のうちに構造的に読み取っていくことが重要なのだ。

＊65 ここにも思惟の主体が思惟の対象を「含む」「含まれる」という二重性が顔を覗かせていることもまた事実である。その意味では「主体と対象」の二重性は、「含むと含まれる」の古代的な二重性の、別の二項対立による巧妙な言い換えでもあるのだ。

縁起や離二辺の中道の思想を組み合わせて、仏教がモデル化してきた「相依性」の概念や、唯識や華厳がそこに加味してきた相互包摂や「一と多」の主題もまた、非還元的な構造と多様性をモデル化しようとしたものであり、原因の無限遡行を回避するために組み立てられたそれらのロジックは、「二重性」において捉えられがちな二項対立の各項をむしろ始めて端的に提示し、突きつけるものでもあった。[*66] では密教においては、こうしたモデル化はいかに現れているのだろうか？

『吽字義』に視点を戻そう。訶字の真義を語って空海は、まず縁起説の大乗仏教的な再解釈、すなわち「諸法因不可得」（あらゆるものの原因といったものを認めることはできない）という考えに立ち戻っている。彼はそこからやにわに、ナーガールジュナ以後の仏教の展開をたぐり寄せるが、それは唯識を経由して密教の世界観へと飛躍しようとするものだ。

当に知るべし、万法は唯心なり。心の実相は即ち是一切種智なり。即ち是諸法法界なり。法界即ち是諸法の体なり。因と為ることを得じ。是を以て是を言わば、因亦是れ法界、縁亦是れ法界、因縁所生の法も亦是れ法界なり。[*67]

（あらゆるものはただ心［識］[*68]である。心［識］の実相は一切を知る仏の智恵である。これがあらゆるものは法界であるということなのだ。法界はすなわちあらゆるものの本体である。原因とすることはできない。このような観点から述べるならば、原因もまた法界、縁もまた法界、因縁によって生まれたものもまたこれ法界である。）

因縁のおのおのが、心（識）であると空海はいう（万法唯心）。大乗仏教において縁起説が再解釈され、十二支縁起をかたちづくるそれぞれの項がいわば括弧に入れられるかたちで、「相依性」の循環的構造が抽出されたことはすでに述べたが、ここではその括弧に入ったそれぞれの項が、心（識）として再定義されている。そしてこれらの心（識）も個人のそれであるよりは、どこまでも相互包摂によって成る世界の総体である。世界の複雑さをどこまでも弁別していく、個体を超えた世界そのものの無意識とでも呼ぶべきものが、心（識）の実相としての《一切を知る仏の智恵》（一切種智）であるとここでは語られている。だからこそあらゆるものは法界（真如）であり、それがあらゆるものの本体である。――原因もまた法界、縁もまた法界、因縁によって生まれたものもまた法界である……。

これに続く数行で、空海とその密教がどのように縁起説を構造化しているのか、その驚くべき帰趨（きすう）

＊66 『今日のアニミズム』では、対象としての自然のこうした端的な現われが、何よりもアニミズムの問題として考察された。

＊67 定本　第三巻、五四頁。

＊68 『即身成仏儀』で、わざわざ空海は「心と識と名は異にして義通ぜり」と断っている。心と識は呼び方は違うが同じ意味だと言うのである。文脈からここでの心も識であると解するべきであろう。

が明らかになる。

阿字門は本より末に帰して畢竟じて是の如くの処に到る。今亦た訶字門も亦た末より本に帰して是の如くの処に到る。

阿字は本不生より一切の法を生ず。今亦訶字は無因待を以て諸法の因とす。終始同じく帰す。即ち中間の旨趣皆知んぬべし。」これを訶字の実義と名づく。*69

(阿字門は、梵語のアルファベットを最初の**a**から最後の**ha**へと帰せしめて、ついにはあらゆるものがみな法界であるというところに到る。訶字門は、梵語のアルファベットを最後の**ha**から最初の**a**へと帰せしめて、ついにはあらゆるものがみな法界であるというところに到る。

阿字は、本来不生であるところから一切のものを生ずる。今また訶字は、原因がないということをもってあらゆるものの原因とする。最初の文字も最後の文字も同じところに帰する。すなわち、その中間の文字も皆同じだということを理解するべきである。」これが訶字の本来の意味なのだ。)

十二支縁起を構成する一つ一つの要素、その項(無明、行など……)をいわば括弧に入れ、構造化したところに、「相依性」などの概念を見いだした大乗仏教の深い洞察があった。ここで空海がしめしているのは、もともと順観と逆観（還滅門）というかたちで互いに逆方向に辿られつつも、いずれもループする構造を持っていた十二支縁起を、アルファベット化して捉えるという操作である。「本より末に帰して……」「末より本に帰して……」という表現は、まさにそうした記号による構造化を、ループを辿るようにして確認したものである。表音文字である梵字は、もとよりその組み合わせによってどのような単語も、複雑な文章も表現することが出来るものだが、そのアルファベットの最初の阿字が「本不生」ということを表わし、最後の訶字が「因不可得」ということを表わすという、無始無終の構造についてのメタ的な直観は、梵字の組み合わせによって作られるそれらの単語や文章をすべてひっくるめて、「中間の文字」のさまざまなあり方に含めて包摂してしまう普遍性を持っている。

13　八種旋転する世界

アビダルマ仏教にとって十二支縁起は、その順観において情念と煩悩が増大していくフィードバックループとして捉えられた。唯識は、講義篇でも語ったように、こうした情念の増大を見分と相分と

*69　定本　第三巻、五四〜五五頁。

のあいだでのフィードバックループとして捉え、対象への執着や業、阿頼耶識の既成事実化などがそこから生じてくると考えた。[*70] しかし唯識を無数の識どうしによる相互包摂的な世界を描くものとするなら、そうしたループはけして固定的なショートサーキットループに留まるものではなく、むしろ見分はそれらが関与する相分を取り換え、相分はそれらに関与する見分を取り換えるようにして、複数に分散していくのでなければならない。眼識、耳識、鼻識などの見分と、それらの作用が結節・合流する相分とのフィードバックループは、さらに別の結節点を無数に持った大きな網の目の一断片に過ぎず、そうした世界観を開現したのが華厳である。その意味においては、順観と逆観（還滅門）の働きは表裏一体であり、前者が見分と相分の第三レンマであるならば、後者はその第四レンマである。そしてそれはまさに原因についての問いであり、縁起である。[*71] このとき、第四レンマで語られうるいくつかのメタ構造が、ナーガールジュナが「八不」と呼んだものとも重なるようにして、おもむろに立ち現れてくる。――原因は可逆的、循環的なのでどこにも置けない（無因待）とか、生成と滅のどちらでもない（不生不滅）とか、それゆえに本不生であるとか、常住でも断滅でもない（不常不断）といった具合にである。

よく知られているように華厳の思想は、この世界のありさまを帝釈天（インドラ）の宮殿を飾る巨大なネットワーク（因陀羅網）に喩える。その網の目の結節点の一つ一つに宝珠が結びつき、ある宝珠には他のあらゆる宝珠が映り、互いに重々無尽に映しあっているが、このようなものとして世界はあるというのである。一即多、多即一の宇宙、相即相入の宇宙は、ここまで述べてきた「含むと含まれる」「一と多」という二項対立が他の二項対立とともに循環的に組み合わさって成立したものである。これらの二項対立はパルメニデス風に「部分と全体」という二項対立の問題であるとも言い換えることができるが、こうした循環的な相互包摂の世界においては、その二項対立も不可逆的なものではなく、ともに調停されていると見なされよう。なんらかの部分が、ボトムアップで一方向的にある全体を作り上げるのではなく、そうした方向自体が多極化し、相互入れ子になっているのである。西洋哲学においては、ライプニッツのモナドロジーがまさにこうした立場に立ち、アトミズムの転倒としてのモナドから世界を解釈しようとした。ミシェル・セール、そして彼を介してラトゥールはこの思想上の系譜を引き、そこから自然科学や技術論を説明しようとする流れがさまざまに存在することはすでに述べた通りである。

「部分と全体」、もしくはなんらかの「項」とそれらによって描かれる「関係」とのあいだに、優劣を設けないという態度は、レヴィ＝ストロースによればそれこそがまさに神話の思考に特有のもの

＊70　講義篇一二〇頁。
＊71　逆観（還滅門）のフィードバックループは、もはや何かの項から出発したものではなく「相依性」の構造そのものであり、原因が固定的にどこにも求められないということを語るに過ぎないがゆえに、縁起であり第四レンマなのである。

であるという。[*72] 神話においては、たとえば神話の登場人物（項）は、悪竜であったり英雄であったりするが、英雄が悪竜を斃すというハッピーエンドの関係そのものが、ストーリーの展開につれて主役のように前景化して関係の項の位置にねじれたかたちで入り込んでくる、といった奇妙な変換関係がみられ、彼はそうした特徴的な構造を神話に特有のものとしてさまざまに考察している。[*73] 講義篇で触れた『ティマイオス』の「比」とその初項、中項、末項についての考察にも、まさにそうしたスケールフリー的な構造を見てとることができる。[*74] 密教もまた、「部分と全体」「一と多」を調停する思考を、華厳にも増して深化させる。そうして前景化してくるのが、たとえば梵字のアルファベットとそれによって作られるスペル、文章の構造をスケールフリー化し、部分によって全体を代表させるという独特のイコン的な発想である。「一と多」の二項対立は、もはや華厳のように多元的な宇宙全体のありさまを語るために一なるものが持ち出されるわけではない。本不生や無因待のような、「どこまで行っても待ち受けているメタ構造」を、部分で全体を代表させることによって端的に言い切ってしまう、あるいはそうした真理と私たちが一体であることを、それによって即時的にしめすところに、その趣旨があると言えるだろう。

縁起説をアルファベット化しつつ、循環的構造をそこに見いだし、しかも順観と逆観（還滅門）の双方を展開し、さらに「一と多」「部分と全体」といった二項対立を調停するという発想は、密教においては旋陀羅尼（せんだらに）という思想においてその固有の表現を得たと言っていい。密教の第五祖シュバカラシンハ（善無畏三蔵(ぜんむいさんぞう)）*75は『大日経疏(だいにちきょうそ)』巻七において、そうした構造を次のように表現してみせた。

一には一字をもって一切の字義を釈し、二には一切の字をもって一字の義を釈す。三には一字の義をもって一切の義を成し、四には一切の義をもって一字の義を成立す。五には一字の義をもつて一切の義を破し、六には一切の義をもつて一字の義を破す。七には一字と一切字とにおいて順観して

---

*72 『神話と意味【新装版】』第一章　神話と科学の出会い」を参照のこと。

*73 レヴィ＝ストロースはこうした関係を、$F_x(a):F_y(b) \simeq F_x(b):F_{a^{-1}}(y)$ という有名な疑似代数式によって表現している。これは「神話の公式」と呼ばれるものだが、たとえばここで項aが悪竜、F_xが悪という関係（機能）であり、項bが英雄、F_yが善という関係（機能）がこれに対置されるとすると、物語が進むにつれて英雄は悪の機能をも備え、トリックスター的に振るまい、悪竜をだまし討ちにしたりする。それが$F_x(b)$である。物語の最後でこれに対置されるのが、悪竜aの存在が除かれたという関係（$F_{a^{-1}}$）が、善なるものの働きそのものによって成しとげられる(y)、という状況である。かならずしも「英雄が善なるものであるから、災いを引き起こす悪竜を退治する」という風に、単純に神話は進展せず、登場人物（項）の機能（関係）が入れ替わったり、機能（関係）そのものが登場人物（項）の位置に入れ替わったりするといったねじれを、しばしばともなっているというのである。（『構造人類学』）

*74 講義篇五五〜五八頁。

*75 シュバカラシンハ（善無畏）は七世紀に東インドに生まれ、マガダ国の国王であったが、出家してナーランダ僧院で密教を学んだ。のち唐の長安に赴き、弟子の一行とともに『虚空蔵求聞持法』、『大日経』を漢訳した。『大日経疏』、『無畏三蔵禅要』などの著作がある。

旋転し、八にはこれを逆観し旋転す。[*76]

（①一字で一切の字義を解釈し〔一字釈多〕、②一切の字で一字の義を解釈する〔多字釈一〕。③一字の義で一切の義をなす〔一字成多〕、④一切の義で一字の義をなす〔多字成一〕、⑤一字の義で一切の義を反証し〔一字多破〕、⑥一切の義で一字の義を反証する〔多字一破〕。⑦一字と一切の字において順観して旋転する〔順観旋転〕。⑧これを逆観して旋転する〔逆観旋転〕）

これは「八種旋転」と呼ばれるものである。――ここでは一なるものが一切を包摂し、一切が一なるものを包摂するようにして、部分（一字）と全体（一切）の二項対立が、「含むものと含まれるもの」「一と多」の二項対立と組み合わさってお互いを調停しているのが分かる。この調停がまた循環、ループであって旋転なのである。――このとき①梵字の一字はそれによって組み立てられる一切を説明し、②一切の字はまた一字を説明する。また⑤一字の意味が一切の意味をなし、④一切の意味によって一字の意味が成り立つ。⑤一字の意味で一切の意味を反証し、⑥一切の意味で一字の意味が反証される、と言うのである。一文字と、それによって組み立てられるもの（スペル、文）について、「一と多」や「含むものと含まれるもの」という二項対立が無化され、たった一文字がメタ構造のすべてを代表し、あるいは（あらゆるものは因縁によって生じるといった）浅略（せんりゃく）な意味において語られるメタ構造をすべて反証する。そしてこれらのすべてが、⑦情念や煩悩が増大するフィードバックループとして旋転してもいるし（順観）、⑧それら情念や煩悩が寂滅し、散ってゆく循環でもある（逆観）という機序を表わしてもいるというのだ。
ナーガールジュナによる縁起説の読み替え、唯識の相互包摂する世界、華厳の一即多、多即一の宇宙をすべて組み込んだ上で、密教はそれを梵字のアルファベットのうちにモデル化し、またそこで否応なしに現れるメタ構造を、最初の **a** 字や最後の **ha** 字によって体現、代表させた。かくして一文字の字義を次々クローズアップして語る空海により、旋陀羅尼の思想は新たな肉付けを得ることになる。[*77]
その力点はいかなるところに置かれることになるのだろうか。

14　阿字の実義

『吽字義』のこれらの議論で、空海はシュバカラシンハの『大日経疏』巻七を繰り返し参照してい

＊76　【大正】三九・六五六上。
＊77　空海は『法華経釈』でこの旋陀羅尼の「八種旋転」に、遮情（否定的な表現を介して真理を間接的に表現する）・表徳（肯定的で端的な表現で真理を表現する）・浅略（浅い表層的な解釈）・深秘（深い解釈）・字相（字の表層的な意味）・字義（字が持つ深い意味）・一字摂多（一字のうちに多くの字を含む）・多字帰一（多くの字を一文字のうちに帰せしめる）という八つを加えて「十六玄門」とし、仏法にたいする十六種のアプローチとして列挙、分類している。

る。続く阿字の真義についての議論においても、阿字には三つの意味があるというシュバカラシンハの思考を踏襲している。そしてもう一人登場するのが、他ならぬナーガールジュナである。

三つの意味とは、「不生」と「空」と「有」であると空海はいう。まず梵字の**a**は、本初（ほんじょ）（存在の大本、ādi）に繋がる音である。本初があるということは、因縁によってそこからものが生まれたということなので、「有」なのだと述べている。また**a**は、無生（anutpāda）という意味も持っている。これは、因縁をとってものが生じるのであればそのものには自性（じしょう）がない、そのものが自らをあらしめているわけではないから、ここから「空」という義が生じる。また**a**は「不生」（ādyanutpāda）の義ともとれるが、これは唯一の真実の境界である、二辺を離れた中道、第四レンマ的な「中」である。それゆえナーガールジュナは『中論』第二四章（「観四諦品（かんしたいぼん）」）で「因縁によって生まれたものは「空」、もしくは「仮（有）」、もしくは「中」であると述べたのだ、と空海は語っている。「空」「仮」「中」の三種の概念は『中論』に典拠を持ちつつ、天台の教義において三諦説というかたちで発展させられたが、それらすべてを阿字の三義のうちに空海はたちまち包摂してしまうのだ。

> 三界[78]の語言（ごごん）はみな名に依る。名は字に依るがゆえに、悉曇（しったん）の阿字また衆字の母とす。まさに知るべし、阿字門の真実義もまたかくの如し。一切法義のなかに遍ず。[79]
>
> （三界の言語はみな名によっている。名は字によるものであるから、梵字の**a**字をあらゆる字の

母とするのだ。阿字門の真実の意味もそうしたものである。あらゆるものの意味のうちに遍満しているのだ。）

と続けて彼が語っているのも興味深い。ここでは表音文字を前提としたある種の階層性が意識されており、現代風に言うならばこれは、字（音）→名（スペル）→語言（文）という組み立てのことであろう。むろんこうした階層性はすぐにフラットなものとして捉え直される。——サンスクリットでは子音の一つ一つも、（それだけでは読めないことから）後ろに**a**の音を付けるかたちで表記する。それゆえどんな字（音）にも**a**の音がともなっており、**a**字こそはあらゆる字を代表する「衆字の母」なのだ。そしてまた、そのように阿字の真実義である本不生も、あらゆるものの意味にともなっている、という。

あらゆるものは縁から生じるもので、縁から生じるものには始め、本がある。原因となる縁を今観ていっても、またさまざまな縁から生じていて、次々と終わることがなく、始まりを置くことが出来ない。そのように観察するときに本不生ということが、あらゆるものの大本であると分かるのだ、と

＊78　三界とは、欲界(よくかい)、色界(しきかい)、無色界(むしきかい)の三つの界をいう。欲望にとらわれた衆生が住むのが欲界、欲望を離れてはいるが物質的なあらわれにとらわれた衆生が住むのが色界、物質的なものがもはや存在せず精神的なものだけあるのが無色界である。

＊79　定本　第三巻、五五頁。

空海はその理由を説明する。[*80] さまざまな二項対立が調停された、無始無終のメタ構造が、八不の一つでもある「不生」（不生不滅）を体現したa字のうちに、すでに先回りされて表現されている。「一切法の生を見る時、すなわちこれ本不生際を見るなり」[*81] と空海は語っている。旋陀羅尼の思考において順観と逆観（還滅門）が、正反対の働きでありながら同時進行していたように、生成が認められるあらゆる局面において、それが本不生でもあることを見るというのだ。

もし本不生際を見る者は、これ実のごとく自心を知る。実のごとく自心を知るものはすなわちこれ一切智智なり。ゆえに毘盧遮那は唯この一字をもって真言となしたまう。[*82]
（もし本不生際を見るならば、如実におのれの心［識］を知ることになる。如実におのれの心［識］を知るならば、それがすなわち仏の一切智智ということである。ゆえに毘盧遮那仏はただこの一字をもって真言としたのだ。）

本不生際を見ることは、唯識における識（心）の相互包摂や、華厳の一即多、多即一が組み合わさった構造を見ることであり、しかもそれを一つの識（心）、自心として端的に見ることである。そのように如実に自心を知るということは、個を超えた一切の知を知るということであり、それゆえ毘盧遮那仏はただ阿字の一字を真言としたのだ。――空海はこのように述べる。阿字の一字にあらゆる字を包摂し、またその阿字で本不生を解釈し、本不生から一つの識（自心）を知り、そこからそれを一切智智にまで拡張するというここでの空海のロジックは、八種旋転や十六玄門で語られたアプローチを、まさに鮮やかに駆使してみせたものであると言えよう。

空海は毘盧遮那の真言と悟りの境地だけを語るのではない。そこからまた翻って、凡夫の情念のあり方をも語っている。世間の凡夫はあらゆるものの本源を観ないので、みだりに生があると思う。それで生死（しょうじ）の流れに随ってそこから出ることが出来ないのだ、と彼は語る。それは無知な絵描きがみずからさまざまな絵の具を使って恐ろしげな夜叉の画を描いて、描き終わったものを見て恐怖から地に倒れ伏してしまうようなものだ、というのである。[*83] この比喩はナーガールジュナも『大乗についての二十詩句篇』で語っている有名なものだが、[*84] みずからの情念を外的世界に投影し、そこからのフィードバックループによっていよいよ情念と煩悩を増大させてしまう、そうしたショートサーキットに陥ることの恐ろしさをうまく表現していると言えるだろう。「如来有智（うち）の絵師は、すでに了知しおわっ

＊80　定本　第三巻、五五頁。
＊81　一切法 sarva-dharma とは、「あらゆる物と事」の意である。
＊82　定本　第三巻、五六頁。
＊83　定本　第三巻、五六頁。
＊84　『龍樹』（中村元訳『大乗についての二十詩句篇』）、三九八頁。

てすなわち能（よ）く自在に大悲漫荼羅を成立す（じょうりゅう）[85]」如来の智恵をもった絵師は、とうにそうしたことをわきまえていて、自在に大悲の心による曼荼羅を描く、と空海は語る。ショートサーキットのループを抜けたところに、より多元的で動的な、生成とも寂滅とも語りえない、そんな宇宙が自在に描かれる。そしてそれは利己心を離れ、衆生を苦から救いたいと願う大悲の心がまさにもたらす曼荼羅だと言うのだ。彼はまたここで、深遠なる秘密の教え（甚深秘蔵）とされるものは、衆生がみずからこれを隠しているのであって、仏が隠したものではない。これがすなわち阿字の実義である、とも言い添えている[86]。

阿字の真義について語る空海の雄弁は、融通無碍でとどまるところを知らない。八種旋転、十六玄門はただの列挙、分類ではなくまさに生きた方法論として躍動しており、彼はたとえば「一字と一切字」のような「一と多」という二項対立のヴァリエーションがあるところに、自心、すなわち「一つの識（心）」といったものを周到に紛れ込ませてくる。——この識（心）はまた、さまざまな対象世界（器世界）の総体との対で考えられるべきものでもあるが、いったん「一なるもの」が「識」でもあるということになると、おのずと八種旋転の論理の流れに乗るように、自心を如実に知ることがすなわち一切智智なのだ、という風にそれが世界総体の規模に拡張される。あらゆる二項対立が、一項から他の一項へと自在に変化し往きかい、そのある項を軸にまた別の二項対立に置き換わっていくさまは、何か未知な生物が呼吸するすがたを観ているようだ。

そしてそもそも、哲学というものは本来的にそうしたものでなければならないと、実はわたしは考えているのである。

15　一心の虚空

汙字、そして麼字の実義について語り始めると、八種旋転や十六玄門の一から多へ、多から一へ、また識（心）から一切種智へと融通無碍に往き来する空海のロジックは、さらに生き生きと脈動し始める。阿字が語ったのは、複数の二項対立が組み合わさってできる循環的なメタ構造の、そのどこにでも遍在的に立ち現れる真理だったが、汙字や麼字はむしろその構造を動かしているダイナミズムそのものの分析である。まず語られるのは汙字だが、汙字門は「一切諸法損減不可得」をその真義とすると空海は述べている。[*87] 字相においては、汙（ū）は損減（ūna）という意味を表わしていたから、阿字の場合と同様に一挙にここでそれが転倒されるわけである。それにしても、「究極的には、あら

＊85　定本　第三巻、五六頁。
＊86　定本　第三巻、五六頁。
＊87　定本　第三巻、五七頁。

ゆるものは損じたり減ったりしない」というのはいかなることであろうか。空海のここでの記述は、『十住心論』で後により詳しく展開された、密教以前の諸宗派の彼による解釈を足早になぞりながら、そこで否定されたものを一つ一つ「損もなく、減もなし」として別のかたちでいわば蘇らせていくところに特色がある。

阿字門を語り、空海は本不生際を見るとき、自心つまり「一つの識（心）」が如実に知られると語っていた。そしてそれがすなわち一切智智でもあると述べたが、汙字門で彼はそれをそのまま世界そのもの、法界の常住なるあり方として描きだす。

> また次に、一心法界はなおし一虚の常住なるがごとく、塵数の智慧は、たとえば三辰の本有なるがごとし。高山、漢をおかし、曾台、天を切るといえども、損減せざるは太虚の徳なり。劫水地を漂わし、猛火、台を焼くといえども、増益せざるは太虚の徳なり。一心の虚空も、またかくの如し。無明住地に辺際なく、我慢の須弥に頭頂なしというといえども、しかも一心の虚空は、もとよりこのかた常住にして不損不減なり。これすなわち汙字の実義なり。*88

（また次に、一心の法界は唯一の虚空が常住であるようにやはり常住であり、無数の智慧は、太陽や月や星がもとからあるのと変わりがない。高山が空の領域を侵し、楼閣が天を切り裂こうとも、損じることも減ることもないのは虚空の特徴である。大洪水が地をおし流し、猛火が天宮を焼き尽くしても、増えも増しもしないのが虚空の特徴である。一心の虚空も、またそのようなものだ。無明に限りがなく、人々の慢心は須弥山のように果てしなく高いと言っても、それでも一心の虚空はもとより常住で不損不減である。これが汙字の実義である。）

不損不減、と空海は述べるが、損と減はもとより二項対立する言葉ではない。むしろ一方的に損と減の論点から語られたものについて、順観と逆観がお互いに正反対の作用を展開するように、ここではそれらが常住の観点から語り直される。一つの識（心）は、複数の識（心）と識（心）の相互包摂、「一と多」の二項対立が組み合わさった循環のうちにあり、それらをまたいだメタ構造における真理である本不生は、そのどこにあっても否定しがたいものだが、そこに撞着するとき一つの識（心）は、もはやそれ自身のフィードバックループに閉ざされたものではない。どこまでいっても否定しがたいメタ構造のあり方を包摂した、一つの識（心）になる。それはあらゆる識（心）が充満していて、なおかつ空っぽな「一虚」であって、それこそがまた「一と多」の二項対立も超えた「一心法界」である。

「一虚」が否定しがたく常住であるように、この一心法界も常住であって、無数の智慧もそこに太

＊88　定本　第三巻、五七頁。

陽や月や星のようにもとからある。高山が空の領域を侵しても、楼閣が天を切り裂いても損減せず、大洪水が地を押し流し、猛火が天宮を焼き尽くしても、それらの生滅はもとより太虚のうちにあるものなので、損減も増益もない。「一心の虚空」とは、まさにそのようなものであり、これこそが汙字の実義である、と空海はいう。[*89]

汙字門についての記述は、ここから密教以前のインド思想史を射程に入れたものとなっていく。阿字門で説かれたのは「不生」であったが、汙字門はむしろ「不滅」のがわを拾い上げていく。密教以前の思想がいかに一方的に否定に偏していたのかを、空海はそうやって裏返しに浮き上がらせていくのだ。

たとえば声聞、縁覚の教えを奉じる二乗については、彼らは自我の執着を切り裂く鋭利な斧で、身心を柴や薪のように分断するが、なお「一心の本法」に損減があるだろうかと述べている。自我による執着や情念、煩悩の増大と、それを滅するということが、ただ別のものであるわけではない。――その双方がともども旋転する構造を包摂したのが、「一心の虚空」であってまた「一心の本法」である。そう考える空海にとって、二乗の思想はいまだ消極的かつ否定的なものに過ぎない。情念の増大と寂滅が、対立項のまま扱われており、いまだ二元的であると考えられているのだ。

中観派が説く「空」についても空海は、「大乗の空観の猛火、人法(にんぼう)執着の塵垢(じんく)を焼いて、遺余(いよ)あることなけれども、三密の損ぜざること、なおし火布(かふ)の垢尽きて衣浄(きよ)きがごとし」[*90]と語っている。ナーガールジュナの思想は、人や物への執着をすべて余すところなく焼きつくす猛火のようなものだが、身口意の三密[*91]には損滅がない。それは火に投じて焼いても、付着した汚れが焼けるだけで却って浄化される火布のようなものだ、と言うのである。あらゆる戯論を打ち消し、すべてのものが無自性で空であることを徹底して論じ尽くす中観派の議論は、もとより初期仏教の発展させた議論を構造だけ残して洗い直した抽象的なものだが、身口意の三密が代表するような具体的な肉付けも、空海にとっては重要なのである。

次に唯識の境地についても触れている。唯識は、遍計所執性（あらゆるものを主語化、言語化して言い分けて、自性あるものとみなす謬り）の蜃気楼や、依他起性（あるものは他のものに依って起こるとし、それらを分別する謬り）の幻の城を打ち破るが、「三密の本法」を毀損することはできない、と言うのである。[*92] 唯識の三性論では、さまざまなものを言語的に弁別し、それらを自性のあるもの、つまり自己原因的な実体とみなす謬り（①遍計所執性）を批判し、他方でそうしたものを他のものを原因として起こるものであるとする謬り（②依他起性）を批判する。自己原因であれ他因であれ、どちらも原因そのものは実体的に捉えられているので、このいずれもが否定される必要がある。三性論の議論はヴァスヴァンドゥ（世親）、アサンガ（無著）、ダルマパーラ（護法）、スティラマティ（安慧）などさまざまな論師に

＊89　定本　第三巻、五七頁。
＊90　定本　第三巻、五七～五八頁。
＊91　身密（身体的行為）、口密（言語）、意密（心）の三つを合わせて三密という。
＊92　定本　第三巻、五八頁。

よる複雑な論争の歴史であるが、三性のうち①遍計所執性と②依他起性を超えて出てくる構造である③円成実性について触れることもなく、空海はあっさりそれらの所説が「三密の本法」を損なうものではない、と述べるに留まっている。[*93] また、原因や結果によって作られたもの（有為）を真でないとして厭い、無為であろうとして「言語の道を廃詮の門に絶ち」（言語による表現を否定し）、「心行の処を寂滅の津に滅すれども」（心の働きを寂滅の港で滅しても）、「三密の本法」においては絶したり、絶えたりすることはないのだとも語っているが、[*94] たしかに言語、識（心）、そして身体的存在も、空海にとっては真理を表現するためには有用なものであり、この点は唯識と大きく異なっていると言えるだろう。

16 自受法楽

しかしなにより、汙字門について語られることで真に驚かされるのは、汙字が表わす損減という意味そのものを、空海がここからまったく違ったかたちで読み換えてくることである。通常損減というのは、あらゆるものが常恒ではないために、損なわれ減ることを意味する。般若訳の『守護国界主陀羅尼経』[*95]を踏まえつつ、彼は汙字が「報身仏」の「報身」という意味であると主張するのだ。法身仏、報身仏、応身仏という三通りの仏身を仏が持つという、大乗仏教で説かれた三身説[*96]と、「損減」の概念とを空海は結びつけ、「報身」の「報」という意味にも異なる解釈をしめすのである。『吽字義』のここまでの論述では、識（心）と言葉や文字については深秘な思想が語られてきたが、身体についてはなんらの言及もない。身口意の三密を「三密の本法」と呼んで強調する空海だが、ここで三身説に言及するかたちでようやく身体性の問題が絡んでくるのだ。

三身仏のうち報身仏は、一般に菩薩が衆生済度の誓願を立てて仏陀になるべく修行することを因とし、その報いとしてなるものであるとされるが、空海は「報身」の「報」はそのような因に対する報いではないと指摘する。[*97]「報」とは「相対・相応」（互いに照応し、あい対する）こと、客体と主体が照応する（理智相応）とか、心と対象世界があい対する（心境相対）ことだというのだ。空海は畳みかけるように、さらに「相対・相応」する「報」のダイナミズムを謳うように描写してみせる。

性相無礙渉入（しょうそうむげしょうにゅう）のゆえに報という。体用無二（たいゆう）相応のゆえに報というなり。このゆえに、常落我浄（じょうらくがじょう）は汙

*93 定本 第三巻、五八頁。
*94 定本 第三巻、五八頁。
*95 『守護国界陀羅尼経』巻九【大正】一九・五六五下。
*96 永遠の悟りの当体としての仏身である法身と、ここで述べられる報身と、衆生を済度するために仏が現れた姿としての応身の三つを合わせて三身と呼ぶ。
*97 定本 第三巻、五八頁。

字の実義なり、損減なきがゆえに。一如不動は汙字の実義なり、異相遷変なきがゆえに。十自在[98]は、これ汙字の実義なり、罣礙なきがゆえに。本住体性は、汙字の実義なり、改転せざるがゆえに。遠離因縁は汙字の実義なり、本来不生にして虚空に等しきがゆえに。超過観待は汙字の実義なり、同一性のゆえに。[99]

（本性とそのあらわれがさまたげなく融け合っているから報という。本体とその作用がたがいに照応しているから報というのだ。ゆえに常住不変で、苦を離れ安楽で、我が障りなく自在で、無垢で浄らかであるのは汙字の実義であり、それは損減することがないからである。一つの真如にあって動かないことは汙字の実義であり、それはさまざまな異なる相を経て滅することがないからである。十の自在は汙字の実義であり、それはさまたげがないからである。法界の本体につねにあることは汙字の実義であり、それはその在りかを転じたりしないからである。因縁から遠く離れているのは汙字の実義であり、それは本来不生で虚空に等しいからである。互いを待って成立する相互依存を超えているのは汙字の実義であり、それは同一だからである。）

報身は、みずからが得た広大な悟りを仏自身で楽しむ「自受法楽」の受用身であるとも言われる。[100]空海が語る「報」の実義を見ると、この受用身としての報身仏のあり方こそが彼にとって重要だったことが分かる。誓願という因の結果としての報いというのではなく、「報」において彼がここで強調するのはまさに同時的な、ループする構造である。しかも彼はかなりその構造を具体的にここで語っている。相応・相対というのは、唯識の見分と相分のように影響を与え合う関係にあるのだが、「互いを待って成立する相互依存を超えている」（超過観待）[*101]。どちらかから出発して交互に作用することによって生成するのではなく、あらかじめ構造として一体化しており、もちろん原因から結果が生じるという素朴な解釈における因縁ともまったく違うというのだ。「一虚」がそれだけであらゆる識（心）を包摂していたように、「報身」は一つの真如にあって動かないが、それでいてさまたげなく十自在を得る。「報身」は「法界の本体」の向こう側に行ったりはしない。本体とそのあらわれは相互包摂しあい、本体とその作用は照応しあっている、「報身」の「自受法楽」はこのようなものだと言うのである。

＊98　仏陀跋陀羅（ぶっだばっだら）訳、六十巻本『華厳経』巻三十九【大正】九・六四七下で説かれ、1寿命自在、2心自在、3荘厳自在、4業自在、5受生自在、6解脱自在、7願自在、8神力自在、9法自在、10智自在の十種類の自在を指す。
＊99　定本　第三巻、五八～五九頁。
＊100　仏身のあり方としての受用身には、みずからが得た悟りを味わい楽しむ自受用身と、他者にそれを教え施す他受用身があるが、この場合は自受用身を指す。
＊101　定本　第三巻、五九頁。

「自受法楽」する「報身」のあり方を語ることで、空海が描く世界観は、原因をどこまでも先送りしたり、無限に続くプロセスとして世界の体系を構想するような、開かれたままの理論とまったく対蹠的なものである。そうした無窮の世界とは異なり、真理の世界は閉じて息づいており、「神話の大地は丸い」[*102]とレヴィ＝ストロースが語ったように、循環し縮約する構造を持っている。それゆえ報身は法界の本体である真如から離れることがないし、その「一如」にいながらにして自在である。空海はここで損減という概念を、これまでわたしが語ってきた「縮約」の意味に読み換えているのである。この「縮約」の、身体的表現が「報身」なのだ。

「相対・相応」というあり方を特徴とする、「縮約」を身体的に表現するものを空海が語るという場合、避けて通れないのは「即」という概念である。『即身成仏義』で彼は次のように述べている。

かるがゆえに頌に、「六大無礙にして常に瑜伽なり」という。無礙とは、渉入自在の義なり。常とは、不動不壊の義なり。瑜伽とは、翻じて相応という。相応渉入は、すなわちこれ「即」の義なり。[*103]

（それゆえに頌に、「六大は無礙で常に瑜伽である」という。無礙でさまたげがないというのは、自在に包摂しあっていると言う意味である。常とは、不動で毀損しないということである。梵語のヨーガを翻訳して、「相応」という。相応して自在に包摂しあっていることが、すなわち「即」

の義である。)

ここで「即」という言葉で語られていること、その世界観とダイナミズムは、『吽字義』で「報身」が語られたときのものとほぼ同じである。これまで見たように、空海は『吽字義』でも識(心)や言葉(文字、スペル、語義)を巡って、「一と多」「含むと含まれる」「認知の主体(=見分)と対象世界(=相分)」、あるいは「部分と全体」などの複数の二項対立が組み合わさり、互いを媒介して循環、縮約する構造を、八種旋転や十六玄門のアプローチを自在に駆使しながら描き出してきたが、世界のマテリアルなあり方やその現れも、やはり同じように媒介、循環する構造のうちに捉えている。――六大は地水火風の四大に空大、識大を加えたものだが、講義篇でも触れたようにまず四大がそれぞれにお互いの性質のうちに含まれるかたちでお互いを媒介し、循環する構造を持っていた。世界のあり方は相分として識(心)のうちに現れ、しかも識(心)と識(心)がまた相互包摂しあい循環する関係を描きだす。世界のマテリアルなあり方は、客観的で唯一の外在世界を構成するどころか、この識

＊102 『神話論理〈2〉蜜から灰へ』、クロード・レヴィ＝ストロース、早水洋太郎訳、みすず書房、二〇〇七年を参照のこと。
＊103 定本 第三巻、「即身成仏義」、二四頁。

（心）と識（心）の相互包摂関係のうちで多極的に分岐し、そこに溶け込み、循環する。世界のマテリアルなあり方が識（心）を作るのでもなく、識（心）がマテリアルなあり方を作るのでもない、どちらが土台になっているわけでもないこうしたあり方が、相対・相応していると呼ばれる。これがまた梵語で言うヨーガであって、その相互入れ子的な、「部分と全体」の二項対立を超えた縮約と、端的なあり方を「即」と定義しているのである。*104

唯識は外在的で客観的な唯一の世界というものを否定したが、そのことは別段、世界のマテリアルなあり方が否定されることを必然的に要求するものではなかった。最終的な包摂者としての識（心）も世界もない、さまざまな器世界が相互入れ子になったなかに、世界のマテリアルなあり方も当然溶け込んで循環しているし、それらは「即」なあり方もしている。識（心）とマテリアル性を相対・相応としたところに密教の目覚ましい理論的発展があり、そのけざやかな独自性がある。これはまた華厳を経由して、密教において二項的なコントラストが再び強調されるようになった理由の一つでもあるだろう。

報身の「自受法楽」をこのような構造によって描きだしつつ、こうした世界にいながら、何か実体的な原因が結果をもたらしたという見方に陥っているために、衆生は生・住・異・滅という変化、つまり損減から逃れられないのだとも空海は指摘している。*105 損減があるところ、変壊無常（へんね）（変化し壊れ、無常）であり、また劣から勝を見ると、劣は損であり、下と上を比べると、下は滅であるといったように尊卑や上下や勝劣といった二項対立的でヒエラルキー的な違いも生じる。こうしたさまざまな二項対立が、循環的また相互包摂的にすべて調停されているのが、報身の「自受法楽」の世界なのだが、それに気づかず衆生は「夢落に長眠す」（夢の村で深い眠りに落ちている）と空海は語る。そしてこのように続けるのだ。

今仏眼をもって、これを観ずるに、仏と衆生と同じく解脱の床に住す。これもなく、かれもなく、無二平等なり。不増不減にして周円周円なり。すでに勝劣増益の法なし。なんぞ上下損減の人あらんや。これを汙字の実義と名づく。[*106]

（いま仏の眼をもってこれを観ると、仏も衆生も同じ解脱の床に住んでいる。仏と衆生という違いなどなく、無二平等である。不増不減であり、あまねく円かである。勝劣を増大させるものはすでにない。上下で人が貶められることなどありはしない。これを汙字の実義と名づけるのである

*104　梵語でいうヨーガ yoga は、フランス語の joug、ラテン語の jugum と同じく、「くびき」を指す語でもある。二頭の牛や馬をくびきで繋いで使役するなどの役割を果たし、空海が語るように相対・相応というニュアンスにもともと通じているのである。
*105　定本　第三巻、五九頁。
*106　定本　第三巻、五九頁。

る。）

17　旋陀羅尼はめぐる

次いで空海はいよいよ、旋陀羅尼を持ちだして汙字の実義を語る。つまり、通常の世界の見方を転倒させる、密教の世界観をそれによって開示していくのである。順観と逆観二つの方向で辿られる十二支縁起では、「無明があるから、識がある、識があるから、行がある……」といったかたちで因縁の関わりが語られた。そして「無明」から「老死」へ、「老死」から「無明」へといった具合に、その関係は循環し旋転していたのである。旋陀羅尼が、こうした関係を「無明」「識」などというそれぞれの項（要素）を括弧に入れるかたちで、その構造を残し、かつそれぞれの項（要素）を梵語のアルファベットに置き換えることによって、大胆に記号化したものであることについてはすでに述べた。そのうち最初の阿（a）字と最後の訶（ha）字については細説した通りである。しかし、その最初と最後のあいだにも、もろもろの文字がある。それらがすべて登場するバージョンがここで語られる旋陀羅尼門なのだ。少し長くなるが、挙げておこう。

また次に、旋陀羅尼門に約して釈せば、一切諸法本不生のゆえに汙字門無損減なり

諸法、離作業のゆえに、汙字門もまた無損減なり

諸法、等虚空無相のゆえに、汙字門もまた無損減なり

諸法、無行のゆえに、汙字門もまた無行なり

諸法、無一合相のゆえに、汙字門もまた無一合相なり

諸法、離遷変のゆえに、汙字門もまた離遷変なり

諸法、無影像のゆえに、汙字門もまた無影像なり

諸法、無生のゆえに、汙字門もまた無生なり

諸法、無戦敵のゆえに、汙字門もまた無戦敵なり

諸法、無慢のゆえに、汙字門もまた無慢なり

諸法、無長養のゆえに、汙字門もまた無長養なり

諸法、無怨対のゆえに、汙字門もまた無怨対なり

諸法、無執着のゆえに、汙字門もまた無執着なり

諸法、如如不可得のゆえに、汙字門もまた如如不可得なり

諸法、住処不可得のゆえに、汙字門もまた住処不可得なり

諸法、施不可得のゆえに、汙字門もまた施不可得なり

諸法、法界不可得のゆえに、汙字門もまた無法界なり
諸法、第一義不可得のゆえに、汙字門もまた無勝義なり
諸法、不堅如聚沫のゆえに、汙字門もまた無聚沫なり
諸法、縛不可得のゆえに、汙字門もまた無縛脱なり
諸法、有不可得のゆえに、汙字門もまた無有なり
諸法、乗不可得のゆえに、汙字門もまた無乗なり
諸法、塵垢不可得のゆえに、汙字門もまた無塵垢なり
諸法、相不可得のゆえに、汙字門もまた無相なり
諸法、離言説のゆえに、汙字門もまた無言説なり
諸法、本寂のゆえに、汙字門もまた本来寂静なり
諸法、性鈍のゆえに、汙字門もまた性鈍なり
諸法、諦不可得のゆえに、汙字門もまた諦不可得なり
諸法、因不可得のゆえに、汙字門もまた因不可得なり[*107]

（次に、文字のそれぞれが代表するものによって旋陀羅尼で解釈すると、

𑖀 a あらゆるものは本不生 **ādyanutpāda** なので、汙字門も損減することがない

𑖎 ka すべてのものは、結果 **kārya** を離れているので、汙字門も損減することがない

𑖏 kha すべてのものは、虚空 **kha** に等しく定まった相がないので、汙字門もまた損減することがない

𑖐 ga すべてのものは、「八不にいう不来不去で[*108]」去る **gati** ことがないので、汙字門もまた去ることがない

𑖑 gha すべてのものは、多くの要素が集まって合成されたもの **ghata** ではないので[*109]、汙字門もまた多くの要素が集まって合成されたものではない

𑖓 ca すべてのものは、転変 **cyuti** を離れているので、汙字門もまた転変を離れている

𑖔 cha すべてのものは、影のような似姿 **chāyā** を持たないので、汙字門にもまた影のような似姿がない

𑖕 ja すべてのものは、生じ **jāti** ないので、汙字門もまた無生である

𑖖 jha すべてのものは、敵 **jhagarā** がいないので、汙字門にもまた敵がいない

𑖘 ṭa すべてのものは、慢心 **ṭaṅka** がないので、汙字門にもまた驕慢さがない

𑖙 ṭha すべてのものは、成長増大 **viṭhapana** することがないから、汙字門もまた成長増大する

＊107　定本　第三巻、五九〜六一頁。

＊108　不来不去についての議論は、『中論』第二章に詳しい。この『中論』第二章については、「仏教哲学の真源を再構築する——ナーガールジュナと道元が観たもの」において考察した。

ことがない
𑖚 ḍa すべてのものは、怨み敵対すること ḍamara がないので、汙字門もまた怨み敵対すること
がない
𑖛 ḍha すべてのものは、執着 ḍhaṅka がないので、汙字門もまた無執着である
𑖝 ta すべてのものは、真如 tathatā を超えているので、汙字門もまた真如を超えている
𑖞 tha すべてのものは、住処 sthān を超えているので、汙字門にもまた住処がない
𑖟 da すべてのものは、施し dāna を超えているので、汙字門にもまた施しがない
𑖠 dha すべてのものは、法界 dharmadhātu を超えているので、汙字門もまた無法界である
𑖢 pa すべてのものは、勝義の教え paramārtha〔第一義〕を超えているので、汙字門もまた無勝
義である
𑖣 pha すべてのものは、泡 phena の集まりのように堅固でないので、汙字門もまた集まりをも
たない
𑖤 ba すべてのものは、束縛 bandhana を超えているので、汙字門もまた束縛を脱している
𑖥 bha すべてのものは、有 bhava を超えているので、汙字門もまた無有である
𑖧 ya すべてのものは、特定の教えの方向づけ yāna〔乗〕を超えているので、汙字門にもまた
特定の教えの方向づけがない

ra すべてのものは、汚れ rajas を超えているので、汗字門にもまた汚れがない
la すべてのものは、相 lakṣaṇa を超えているので、汗字門もまた無相である
va すべてのものは、言説（ごんせつ） vāda を離れているので、汗字門もまた無言説である
śa すべてのものは、本来寂静 śānti なので、汗字門もまた本来寂静である
ṣa すべてのものは、その性質が鈍 ṣa…[*110] なので、汗字門もまた性質が鈍である
sa すべてのものは、諦 satya［明らかに知ること］を超えているので、汗字門もまた諦を超えている。
ha すべてのものは、原因 hetu を得ることができないので、汗字門もまた原因を得ることができない）

＊109　たとえばライプニッツも『モナドロジー』において、モナドは単一体であって多くの要素からボトムアップ的に合成されたものではない、ということを非常に強調する。実際には彼の語るモナドも相互包摂しあっており、明らかに入れ子にすらなっているが、どちらからどちらが合成されるといった単線的な方向づけがそこでは否定されるので、そうした表現になっているのである。

＊110　この「性鈍」に ṣa 字を当てるが、『大日経疏』にはこの部分が欠けており、原語が何であったのかは確定されていない。

こうした字門説を空海は『大日経』巻二の「具縁品（ぐえんぼん）*三」から引いているが、順観と逆観に応じてそれをどう扱うかについては、シュバカラシンハの『大日経疏』に記述がある。それによると、「本不生であれば、作業がない、作業がないなら、虚空のように無相である、虚空のように無相であれば、行がない……」というように、順観であっても最初の「本不生」からドミノ倒しになるように、挙げられるそれぞれの概念が否定的なニュアンスをもって転倒されていく。逆観であれば、「因不可得であれば、諦不可得、諦不可得であれば、性鈍……」というように、やはりそれらの概念が次々と裏返されていく。とはいえ、これを肯定的な概念をただ否定したという風に捉えるのも、正しくはない。というのも最初の阿字本不生は、もともと不生不滅という場合の第四レンマであったし、また最後の訶字因果不可得も、原因をどこにも求めることができないという第四レンマであった。ドミノの出発点からしてたんなる肯定や否定ではないのだ。したがって、これらの概念も一つ一つ第四レンマ的に転倒されたと見るべきであろう。しかしこの場合、順観によって起こる事態と、逆観によって起こる事態が、十二支縁起のように明らかに対称的になるということはない。――十二支縁起のそれぞれの項を括弧に入れてアルファベット化し、構造を抽出してそれを順観と逆観それぞれに旋転させることで、情念や煩悩の増大と寂滅という、順観と逆観によってうまれる二項対立そのものを第四レンマ的に調停するという思考から、旋陀羅尼というものは構想された。順観であれ逆観であれ、その増大も寂滅も、「一と多」や「含むと含まれる」といった複数の二項対立が組み合わさり、たがいを媒介し循環し縮約する世界にあっては、第四レンマ的なもの、二辺を離れたものでしかあり得ない。阿字の本不生や訶字の因果不可得は、そうした構造をアルファベットの始めと終わり——実のところ、旋転するこの世に始まりも終わりもありはしないのだが——に埋め込んだもの、そしてそうした機序を代表するものであった。しかし『大日経』に説かれる発展した字相門や旋陀羅尼では、梵語のアルファベットの一つ一つにさまざまな概念を代表させ、それだけで仏教のさまざまなエッセンスが凝縮されたものになるよう多くが盛り込まれているために、かえってそうした構造が分かりにくくなってしまった側面もあるだろう。むしろ阿字と訶字の「中間の文字も皆同じ趣旨だということを理解すべきである」[*112]と、先に空海はあっさりと述べていたが、そうした伸縮自在な性格をもつのも、彼の思考の一つの特徴であると言えるだろう。

18 識（心）とマテリアル性——密教と華厳はどう違っているか

空海の書物の特色として、教義の理論的な展開が続いたあとに、突然話法が変わって偈頌が姿を現

＊111 『大日経』具縁品第二【大正】一八・一〇中。
＊112 定本 第三巻、五五頁。

わす、表現形態の鮮やかな切り換えが見られるというものがある。地の文の上に、墨痕淋漓とした詩のフィギュールが描きだされるのだ。『吽字義』においても、こうした偈頌がやはり登場する。汙字が語られるところでは、それはのちに『十住心論』で展開される、二乗や法相、天台、華厳など他の宗門が密教から見てどのように解釈されるかという、教相判釈の色合いを帯びたものになっている。

本書の主題は初期仏教から密教までの思想的な繋がりを、縁起説と離二辺の思考の歴史的で段階的な再解釈という観点から辿り、その一貫性を浮き彫りにするというものである。空海は当然他の宗派と比べて密教がいかに卓越しているのか、その違いを強調するが、それは『十住心論』でより精緻に説かれるものであり、またのちに吽字の合釈でも理論的に語っているので、ここでは立ち入らない。とはいえ、密教そのものについて語った最後の偈頌は興味深いので、引用して翻訳し考察することにしよう。

同一にして多の如なり　多のゆえに如如なり　理理無数にして　智智無辺なり
恒沙も喩えにあらず　刹塵もなお少なし　雨足多しといえども　ならびにこれ一水なり
燈光一にあらざれども　冥然として同体なり　色心無量にして　実相無辺なり
心王心数　主伴無尽なり　互相に渉入して　帝珠錠光のごとし　重重難思にして
おのおの五智を具す　多にして不異なり　不異にして多なり

かるがゆえに一如と名づくれども　一は一にあらずして一なり
無数を一となす　如は如にあらずして常なり　同同相似せり　この理を説かざるは
すなわちこれ随転なり　無尽の宝蔵　これによって耗竭し　無量の宝車　ここに消尽す
これを損減という　地墨の四身　山毫の三密　もとより円満して　凝然として不変なり
汙字の実義　この謂か

（同一であって多そのもの、多であるがゆえにそのまま一。理法は無数にあり、智慧は広大無辺である。それらがガンジス河の砂の数ほど多いというのも単なる喩えではなく、大きな国土を微塵に砕いた数と言ってもなお少ない。たくさんの雨滴が限りなく振り注ぐようでありながら、それらはいずれも一つの水なのだ。

ともしびの光は拡散するが、しかも渾然として一体である。ものと心は無数にあり、実相は広大で窮まりがない。識［心］とそれに属する働きは、互いに主となり、従となって尽きることがない。相互に包摂しあって、インドラの宮殿を飾る網の結び目の一つ一つに付けられた珠玉が、お互いを映しあって燈火のように輝いているかのようである。無限に重なりあって思惟を超えていながら、そのおのおのが五智*[113]を備えている。多であって不異、不異であって多なのだ。

そんなわけで、異なるものが根本では一つである［一如］と言ってはいるが、一は一にあらずして一である。

無数を一としているのだ。如は、如(ごと)しの如ではなく、常(つね)であるという如である。同じ構造が繰り返し見い出されるのだ。この真理を説かないものは、下根の人に向けた仮の教えでしかない。尽きることのない宝の蔵も、それによって枯渇し、数知れない宝を満載した車も、ここで消え尽きてしまう。これを損減というのだ。

三千大千世界を砕いて墨とし、東方の千の国土を経るごとにその墨で一点を下していって、その墨が尽きるほどの遙かな時間をも超えた*114四種法身の仏たち*115、須弥山ほどに巨大な筆を使っても、到底書き尽くすことができない*116三密は、もとよりすべてを円満に具えており、身じろぎもせず不変である。

汙字の実義は、こうしたものであろうか）

密教の世界観を表現した空海のこの偈が、思いのほか唯識や華厳の思想を色濃く受け継いでいることに驚かされざるを得ない。華厳で展開される一即多、多即一の世界は、因陀羅網の結び目を飾る宝珠のそれぞれが重々無尽にお互いを映しあう主伴依正、相即相入といった関係を語るが、これは四法界説*117にいうところの事事無礙法界(じじむげほっかい)のあり方の表現であり、つまりは世の事象と事象とがそれらの宝珠のように無礙にあるということがその趣旨なのだ。しかし空海はこの偈ではっきりとそれを、識

（心）と識（心）のうちで働くもの（心王と心数）の関係であると述べており、しかもそれらがどこまでも相互に含み、含まれることを「主伴無尽」で「互相（たがい）に渉入」すると表現している。「含むと含まれる」「一と多」という二項対立はこのように組み合わされるが、この二種の二項対立が合流するところ（珠玉）に、事象（事）の代わりに識（心）が置かれ、また無数に「ものと心」（色心）があることが

*113 定本 第三巻、六四頁。大円鏡智（あらゆるものを鏡のように映す智）、平等性智（平等にものを観る智）、妙観察智（存在をただしく捉える智）、成所作智（行動や実践を成就させる智）に、法界体性智（法界の本性を明らかにする智）の五つの智慧を合わせて五智という。

*114 『法華経』巻三「化城喩品」【大正】九・二二上。無数であることの喩え。

*115 密教では悟りそのものである自性身と、仏が悟りを受用する受用身、衆生の前に姿を現わすものとしての変化身、衆生の機根に応じてさまざまな姿をとって姿を現わす等流身、という仏の四身説が説かれた。

*116 無量であることの喩え。

*117 四法界説は華厳教学によって説かれる、世界解釈の四つの段階のことである。この世界をただ事象や物としてのみ捉えるのを事法界、そしてそれらの事のそれぞれは無自性にして空であるとし、世界を相互関係としての理性（りしょう）において捉えるのが理法界、さらにその事法界と理法界は、さまたげ合うことなくお互いを成立させ合っていると見るのが理事無礙法界、そしてこの理事無礙という、理と事を全体どうしで無礙であると言っていた段階から、多極的に事と事が無礙であるということを語り、この構造のなかにすでに多極的な理と理の無礙を畳み込んでしまったのが事事無礙法界である。この事事無礙法界において、華厳の一即多、多即一の世界が開現するのである。

強調されている。識（心）と識（心）の相互包摂のうちに、マテリアル性が溶け込んで循環する重々無尽の世界、それらが相対・相応する密教の思想においては、「主体（心）と対象世界（事象）」という二項対立も、どちらがどちらを一方的に含み、どちらからどちらが一方的に展開するのでもないかたちで調停されるのだ。

報身が真如を離れることがないという「一如不動」[*118]ということを空海は語ったが、ここではそれがまた「多の如」という風にも語られている。そしてそれは「如如」でもあるというが、これはまた繰り返される「一如」でもあるに違いない……。こうした循環と縮約のうちに、留まってあるのが三密であり、それはすべてを具えて円満である。——汙字の実義もそのようなものであるというのだ。

19　我即梵天

第四に来るのが、麼字である。麼字の真義を空海は「一切諸法吾我不可得」であると語る。字相においてはただ我（ātman）を意味すると述べられていたが、あらゆるものは吾我を超えているということが、ここでは説かれている。この我には二種あって、人我と法我だという。前者は四種法身、自性、受用、変化、等流などの仏の現れであり、後者は一切諸法、つまり一法界、一真如、一菩提から、数えることができないほどの微塵数の存在までの、ありとあらゆるものである。それらは四種法身の現れであって無数であるが、しかも同じ相と同じ性質を持っている。無数のものであってまた唯一の仏身でもあるのだから、どうして吾我を区別することができるだろうか、というのだ。[*119] これはまだ否定的表現（遮情の実義）による説明だが、肯定的表現（表徳の実義）によって麼字が解されると、損減を表わした汙字とは対照的にこの字が増益を表わすということの意味が明らかになってくる。『即身成仏義』、『声字実相義』、『吽字義』の三部作のうち、『吽字義』は伝統的に、身口意の三密のうちの意密について語ったものであるとされてきたが、それだけに密教と唯識の関係についてこのテキストは多くの示唆を与えてくれる。――さらにそれが「一と多」という、華厳が重視した二項対立と組み合わさることでその世界観が展開されるのだが、縮約や「一虚」、「一つの識（心）」ということに重心があった汙字とは異なり、麼字においては多元的な世界がいかに開現されるかという、その原理が説き起こされるのだ。

『経』にいわく、麼字は大日の種子なり。一切世間は我我を計すといえども、いまだ実義を証せず。唯し大日如来のみいましまして、無我の中において大我を得たまえり。心王如来、すでにかくのご

＊118 定本 第三巻、五八頁。
＊119 定本 第三巻、六四～六五頁。

とくの地に至りたもう。塵数難思(じんじゅなんじ)の心所眷属(しんじょけんぞく)、誰かこの大我の身を得ざらん。これすなわち表徳の実義なり。[*120]

(『経』によれば、麼字は大日［Māhavairocana］の種子(しゅじ)である。世間のあらゆる人々は、人我と法我を別に数えているが、その真義を理解してはいない。ただ大日如来だけがおり、無我のなかに大我を得られている。心王如来は、すでにそうした地に至っておられるのだ。数え切れないほどの無数の心所眷属も、この大我の身体を得ていないものがあるだろうか。これが麼字の表徳の実義である。)

心王(識)を大日如来に喩え、識(心)のうちで働くもの(心所)を眷属になぞらえるこの表現は、やはり唯識をベースにしたものだが、それだけに一貫しており訶字や阿字、汙字で語られていたこととの比較によっても趣意を理解しやすい。大日如来は「無我の中において大我を得たまえり」とあるのは、阿字門の真義において「一虚」や、「一つの識(心)」、すなわち自心を如実に知ることが、そのまま一切智智である、と語られていたことと同じロジックであり、[*121] この「一虚」のうちにあらゆる識(心)がすでに充満しているのだ。空っぽで「無我」であるからこそ、「大我」なのである。しかも識(心)と識(心)の相互包摂を前提とした世界の描写が、密教においてはマテリアルなものや身体的なものと融け合っている。心王如来は「かくのごとくの地」に至っており、それがまた「大我の身体」であるというのだ。無数の「心所眷属」もまた、この「大我の身体」のうちにマテリアルな意味でも満ち溢れている。金剛界・胎蔵界の両部曼荼羅に描かれる諸尊と眷属たちの姿も、まさにそうした充満のイメージである。

空海はさまざまな経を引きつつ、この塵字が字門説において「化身の義」であるとか[*122]、「三昧耶(さんまや)自在の義」[*123]を持つということを述べている。毘盧遮那如来はみずからその悟りを愉しむうちに、無数の密集した雲のような多くの身体を顕わし、涯しない仏国土を興す(化用(けゆう)・化作(けさ))。また法身の三密は細かい塵芥のうちに入っても狭すぎるということがなく、巨(おお)きな虚空に拡がっても広すぎるということがない。つまりスケールフリーだと言うのだ(平等摂持(しょうじ))[*124]。空海の言語思想において、一音の文字とスペル、そしてそれによって組み立てられる文やそこから導かれる意味が、ボトムアップの階層性をもたないことについてはすでに見てきた通りであるが、塵字の解釈においてはそれが大日如来の「法身」の身体的なあり方として描写される。しかも「瓦石(がしゃく)草木を簡(えら)ばず、人天(にんでん)鬼畜を択(えら)ばず、いずれの

＊120 定本 第三巻、六五頁。
＊121 本書一九〇頁を参照のこと。
＊122 定本 第三巻、六五頁。
＊123 定本 第三巻、六五頁。
＊124 定本 第三巻、六五頁。

処にか遍ぜざらん。何物をか摂せざらん」[125]つまり瓦礫や石、草木であれ、人、天人、鬼、畜生であれ区別なく、それがすべてに化身して遍満しているというのである。生物、無生物を問わず、ありとあらゆるものが悟りの当体とされるところまでを空海が語りきったところに、麼字門の大きな特色がある。

密教の世界観を視覚的に表現したものには、絢爛(けんらん)たる無数の仏国土と数知れぬ諸尊、そしてその眷属が満ち溢れたようすが描かれるが、それらは何よりも増益と充溢を表わすこの麼字のイメージであると言える。キリスト教の三位一体論で、神と子と聖霊のうちの聖霊が増殖や派出の役割を負わされているように、麼字もまたあらゆるものに化身し、遍満し、積極的に働きかけて人々を教化する力を、密教において背負っている。麼（ma）字に第一転声にあたる空点を加えると瞞(まん)（maṃ）字になるが[126]、空海はこれが童子の姿をした文殊の種子であることを説き[127]、また大日如来のメッセンジャーであり、髪を垂らした下僕のような姿で、高い位の仏でありながら奉仕行に専念する、不動尊(ふどうそん)の種子であるという風にも語っている。[128]訶字門や阿字門、汙字門が、十二支縁起や離二辺の中道の再解釈、八種旋転といった論理を駆使しつつ、先行仏教とのあいだに緊張関係を孕む議論を展開したのに対し、麼字門はもはや世界そのものを悟りの当体の変幻自在なあり方として肯定する祝福に満ちており、まさに天使的な荘厳に彩られているのだ。

我（ātman）を意味する麼字門において、これほどまでに「世界そのもの」が語られねばならない理由は何であろうか？　先に『チャーンドーギヤ・ウパニシャッド』に現れた三分結合説（trivṛtkaraṇa）について触れたが、あそこで問答をしていたのはウパニシャッド時代の代表的思想家の一人ウッダーラカ・アールニ[*129]とその息子であった。彼らについては、またこのような対話が知られている。

「この塩を水中に入れ、しかして明朝わがもとに近づけ。」彼（子）はそのとおりにした。（父は）彼にいった、「昨夕汝が水中に入れたる塩、乞うそをもちきたれ」と。彼はそれを探したが、発見しなかった。

それはまったく溶解したかのごとくであった。（父はいった、）「乞うそを（この）辺りより啜（すす）れ、いかに」と。「塩からし。」「（かの）辺りより啜れ、いかに。」「塩からし。」「そを棄て去り、しかして

＊125 定本　第三巻、六五～六六頁。
＊126 不動尊の種子としては、空海は麼字の第一転声に空点（ṃ）を加えたものを鋡（まん）（maṃ）字で書き表し、両者を区別している。
＊127 定本　第三巻、六六頁。
＊128 定本　第三巻、六六頁。
＊129 紀元前八世紀以前に活躍した、古代インドを代表する哲学者。息子シュヴェータ・ケートゥとの問答によって知られる。三分結合説や有の哲学を説いた。ヤージュニャヴァルキアは弟子であるとされる。

わがもとに近づけ。」彼はそのとおりにした。（父は）彼にいった、「実にここ（身体）において、愛児よ、汝は有を認めることとなし。しかも（そは）実にここに存す。

この微細なるもの、この一切はこれを本性とする状態なり。そは真実（実在）なり。汝はそれなり、シュヴェータ・ケートゥよ」と。「神聖なる父はわれをしてさらに多くを知らしめ給え。」「諾、愛児よ」と、彼はいった。[*130]

「汝はそれなり」（tat tvam asi）という言葉で知られる有名なこの対話は、アートマン（我）は不可捉であって、それについては「〜にあらず、〜にあらず[*131]」と表現することしかできないとする、ヤージュニャヴァルキア[*132]の対照的な見解とならんで、『ウパニシャッド』の思想を表わした代表的なものである。ウッダーラカ・アールニは火、水、食物（地）という三つの現れと、それらが互いの属性になって結びつき循環する「三分結合説」を唱えたが、有の諸相を語る思想家である。ウッダーラカ・アールニは、まさにドゥルーズが語ったように、複合体としての概念から出発する。「塩の溶けた水」のように、不可分で渾然としているもののうちにも、有はあってそれが「汝」なのだ、と言うのだ。我（アートマン）と自然そのもの（ブラフマン）の一如であることを説く梵我一如の思想を、これは物語ったものである。

ところでアートマンがあらゆる表現を超えているという、ヤージュニャヴァルキアの見解も、一見対照的でありながら仏教思想の成立に影響を与えたものと見做されている。たとえば汙字の実義で語られた「離言説(りごんせつ)」などの主張、また阿字門の本不生や訶字門の因果不可得などの否定を重ねつつなされる独特の議論も、ヤージュニャヴァルキアを生んだインドの思想的土壌からおのずと芽吹いたものであると言えよう。一方でウッダーラカ・アールニが主張したような、我(アートマン)と自然そのもの(ブラフマン)が渾然一体であり、それゆえいずれも否定しがたくあるという肯定の思想もまた、仏教の思考、とりわけ密教のうちに色濃く受け継がれているものと思われる。吾我を表わす麼字門のもとに空海が語るものも、空の思想や唯識や華厳を踏まえて仏教的に生まれ変わった梵我一如の思想であるとも見なせよう。もはや、ただ否定を通じてしか表現されない何かでもなく、有の哲学でもない、その双方をどちらにも偏することなく調停し受け継ぎながら、仏教は発生し発展し、そのもっとも肯定的な側面が、密教のうちに姿を現わしているのである。

＊130 『チャーンドーギヤ・ウパニシャッド』六・一三。
＊131 『ブリハッド・アーラニヤカ・ウパニシャッド』四・五
＊132 ウパニシャッドに登場するもっとも重要な哲人の一人であり、ウッダーラカ・アールニと並び称せられる思想家である。ヴィデーハ国王ジャナカ王との対話によっても知られる。否定的表現によってしかアートマンが語り得ないことを主張し、アートマンのブラフマンへの帰入を説いた。

実際、空海はここで「我即梵天」ということを語る。次のようにである。

> もし麼字の吾我門に入りぬれば、これに諸法を摂するに、一一の法として該ねざることなし。かるがゆえに、『経』にいわく、我、即ち法界、我、即ち法身、我、即ち大日如来、我、即ち金剛薩埵、我、即ち一切仏、我、即ち一切菩薩、我、即ち縁覚、我、即ち声聞、我、即ち大自在天、我、即ち梵天、我、即ち帝釈、ないし、我、即ち天龍鬼神八部衆等なり。一切の有情・非情は、麼字にあらざることなし。これすなわち、一にしてよく多なり。小にして大を含す。故に円融の実義と名づく。*133

（もし麼字の吾我門に入るならば、これにありとあらゆるものを包摂して、一つとして含まれないものはない。そんなわけで、『経』によれば、我、すなわち法界であり、我、すなわち法身であり、我、すなわち大日如来であり、我、すなわち金剛薩埵であり、我、すなわちあらゆる仏であり、我、すなわちあらゆる菩薩であり、我、すなわち縁覚*134であり、我、すなわち声聞*135であり、我、すなわち大自在天「シヴァ」であり、我、すなわち梵天「ブラフマー」であり、我、すなわち帝釈「インドラ」であり、または、我、すなわち天龍鬼神八部衆等*136なのである。一切の生類も無生物も、麼字でないということはない。これはすなわち、一であってそのまま多である。小であって大を含んでいるということである。したがって互いに融け合っているという意味であると言われるのだ。）

ヒンドゥー神話を彩るあらゆる要素が、護法の諸神や眷属として、ここでは動員されているのが分かる。インドではヒンドゥー教がのちに仏教を吸収してしまったとはよく説かれるところだが、仏教もまたヒンドゥー教の神話が持つ元型的なヴィジョンをもれなく吸収し、それと習合しているのだ。もちろん、ヴェーダーンタ哲学で語られるブラフマンと、ヒンドゥー神話における神格ブラフマーは同じではないが、我即梵天は、梵我一如ということの新たな、仏教的な表現でなくて何であろうか。むしろ、あらゆる諸神や眷属、異類のものたちをひっくるめて、世界そのものがここでは語られる。叙事詩『マハーバーラタ』の一部をなす『バガヴァッド・ギーター』の終盤では、親族との戦闘を厭う王子アルジュナを説得していたクリシュナが、宇宙の生滅そのものをも超えた神格としての自己を示顕する驚くべき光景が展開されるが、麼字を語る空海がわれわれに示すのも、まさにそのよう

＊133　定本　第三巻、六六～六七頁。
＊134　仏の教えによらずしてみずから悟った者。
＊135　仏の教えによって悟るが、みずからの解脱のみを目指す聖者。
＊136　インドの土着信仰から、仏教に採り入れられた仏法を守護する異類たち。天神、龍神、夜叉、乾闥婆（ガンダルヴァ）、阿修羅、迦楼羅（金翅鳥）、緊那羅（天の楽人）、摩睺羅伽（蛇神）の八衆を指す。

な聖体顕現（ヒエロファニー）なのである。円融するのは、実はそれらのすべてとわれわれの個我なのだ。

20 合釈——吽字はすべてを含む

訶、阿、汙、麼の四字についてそれぞれその実義が語られると、いよいよ空海はそれらをすべて合わせた文字である吽字について、トータルな解釈を展開する。まず先の四字が通常の大乗仏教で説かれる四種身[*137]をそれぞれに代表しており、それらすべてを吽字が包摂していることが語られるのだ。

次に、合して釈せば、この吽は、四字をもって一字を成ず。いわゆる四字とは、訶、阿、汙、麼なり。阿は、法身の義、訶は、報身の義、汙は、応身の義、麼は、化身の義なり。この四種を挙げて、かの諸法を摂するに、括らざるところなし。[*138]

（次に、合わせて解釈すると、この吽は四字をもって一字としたものである。いわゆる四字とは、訶、阿、汙、麼である。阿は、法身の義であり、訶は、報身の義であり、汙は、応身の義であり、麼は、化身の義である。この四種を挙げてありとあらゆるものを包摂するので、このうちに含まれないものはない。）

文意そのものは明瞭だが、この文章にはやや解釈上微妙な部分がないわけではない。まず法身仏、報身仏、応身仏、化身仏という、通常の大乗仏教の四種身がここで挙げられ、自性身、受用身、変化身、等流身という、密教で説かれる四種法身にそれが重ねられているようなのだが、はっきりとした説明がない。また「一切実相の源[*139]」であり本不生を意味するとされる阿字が、悟りの当体である法身を表わすというのは分かるとして、報身が訶字に当てられているのも不可解である。——というのも、汗字の実義が語られた際に「報身」は一般に言われるような、菩薩が衆生済度の誓願を立てて修行することを因とし、その報いとして「報身」仏になるものではなく、「相対・相応」(互いに照応し、あい対すること)、を指すと空海ははっきり述べており、汗字こそが「報身」を表わしているのだと主張していたからである。因縁(hetva)と結びつきが深い訶字に「報身」が当てられるということは、少なくともここでは空海は「報身」を通常の意味において、つまり菩薩の誓願を因とした報いとしての「報身」であると解していることになる。

　一方で「応身」については、釈迦仏など実際に人の姿を採って現れた仏であるから、身体性におのずと限界があり損減の義にかなっていると曇寂のような解釈者は説明している。[*140] 麼字が「化身」を表

＊137　四種法身と同じ。
＊138　定本　第三巻、六七頁。
＊139　定本　第三巻、五三頁。

わすということについては、これまで見てきたところからも違和感がないが、密教の四種法身の考え方からすると今度は等流身の位置が曖昧になる。この点については室町時代の学僧、有快もやや困惑しているようである。[*141]

とはいえ、訶字、阿字、汙字、麼字のそれぞれについて説く際にも、空海がまず浅略（浅く、表面的）な解釈を紹介してから、次に深秘な真義や表徳門について語るという手順を踏んでいたことを思えば、たとえば「報身」の解釈にしても、合釈になってからもやはり一度浅く表面的な解釈とされるものから説明しているのだ、と解することも可能であり、また順当であると思われる。そして同じ理由から、密教以前の四種身と、四字を結びつけた解釈が最初にここで語られるのでなければ、議論の様式としてむしろ不自然であるとも考えられる。これは、こののちになってようやく吽字そのものが字相から語られる構成になっていることからも明らかである。

吽字が四種身を含み、そしてありとあらゆるものを包摂する。空海はさらに、この四字のそれぞれにあらゆる教法が含まれるとも述べている。[*142]——つまり、教え（教）と、それが明らかにする世界のあり方、道理（理）、教えに従ってなされる修行（行）、それによって得られる悟り（果）からなる四法（理・教・行・果）がそこに包摂されているというのだ。

たとえば阿字門には、「一切の真如、法界、法性、実際等[*143]」といった、「世界のあり方、道理」（理）のすべてが包摂されている、という。[*144]これは「一切実相の源」とも呼ばれる阿字門ならではの解釈であるといえよう。また縁起と関係づけられる訶字門には、仏教と仏教外の教え、大乗と小乗、権大乗（三乗）と実大乗（一乗）[*145]、顕教と密教といった一切の教えが含まれている、とも述べている[*146]。さらに汙字門には、声聞、縁覚、菩薩の三乗や、それに人、天の二乗を加えた五乗の行を含むというが[*147]、これは損減を表わす汙字に禁欲的な修行を結びつけたものであろう。

吽字一字のうちに、先行仏教のあらゆる教理と修行、そしてその成果を包摂しようとする空海のこのようなアプローチは、もはや教相判釈や、密教を他の宗派と異なるものとして際立たせようとするものであるというよりは、仏教の名のもとに語られてきたありとあらゆる要素を、一つ残らず埋め込

---

*140 『吽字義私記』三巻（『真言宗全書』第十五巻）、曇寂、続真言宗全書刊行会、一九七七年、三二〇上下。
*141 『吽字義鈔』巻十（『真言宗全書』第十五巻）、有快、続真言宗全書刊行会、一九七七年、二〇一下
*142 定本　第三巻、六七頁。
*143 これはもともと仏教用語で、「ものごとの極み」といった意味である。
*144 定本　第三巻、六七頁。
*145 法相宗などが語った声聞、縁覚、菩薩の三乗を、天台宗や華厳宗が権大乗と呼び、みずからの宗派を実大乗と呼んだことを踏まえ、それらすべてを包摂してこのように語っている。
*146 定本　第三巻、六七頁。
*147 定本　第三巻、六七頁。

んでちりばめた巨大な画を描こうとするかのようである。こうして吽字をはるかに俯瞰し、彼はまた次のようにもいう。

もし通相をもって釈せば、各各（かくかく）に理・教・行・果等を摂して、摂せざるところなく、尽くさざるところなし。なおし因陀羅宗のごとくして一切の義利、ことごとく、みな成就せるがごとし。また伏羲（ふくぎ）の六爻（りっこう）の一一（いちいち）の爻の中におのおの万像（まんぞう）を具するがごとし[148]。
（もし四字をまとめて解釈するなら、そのおのおのに理・教・行・果などを包摂して、含まないものも、尽くさないものもない。あたかも帝釈天が説いた声明論[149]のうちにあらゆる意味が含まれているようなものである。また、易を考案した伏羲[150]の六爻の一つ一つの爻の中に、それぞれ森羅万象が具わっているようなものである。）

パーニニ[151]などを見ても分かるように、インドにおける傑出した文法家は、また論理学者でもあることが多いが、最初の文法の作成者としてインドラ（帝釈天）の名が挙げられる。つまり世界が論理的に弁別される原理そのものを天帝インドラに帰したわけだが、その文法のうちにあらゆる意味があらかじめ含まれているというのだ。また空海がここで、易の六爻を喩えにしているのも興味深い。易では陽爻（⚊）と陰爻（⚋）が三爻並ぶことで八卦が、たとえば ☰（乾）、☱（兌）のようにでき、さらに六爻並ぶと䷁（坤為地）、䷎（地山謙）といった具合に六十四卦が作られ、それによって森羅万象が説明されることになるが、卦をプラス、マイナスの二項性の組み合わせに分解した、まさにその最小単位である爻に、すでに万象が具わっているように、吽字にはすべてが収まっているのだと空海は語る。ヤコブソンが分析したトルコ語の八つの音素のように、異なる特色をしめす最小の要素と思われるものも、実はいくつかのごく限られた二項対立が組み合わさったものとして成立しており、それによってどのような複雑性も表現されるし、多様性も生みだされる。究極的には、二項対立は(1,0)の二種類のバイナリーであってよいし、コンピューターの原理ですら実際にそうなっているのだ。

空海が、占術としての易についてどのような考えを抱いていたのかは分からない。しかし少なくとも複数の二項性の組み合わせでどのような複雑性も表現され得る、また逆に言えば、有限のそうした

*148　定本　第三巻、六七頁。

*149　最古の文法家は帝釈天インドラであったとされ、その声明論（文法学）の各々の字にさまざまな意味が含まれているという。

*150　古代中国の神話に登場する伝説上の帝王で、易や文字を発明し、蜘蛛の巣に倣って網で鳥や魚を採ることを考案したとされる。

*151　起元前数百年前に活躍したインドの文法家、『パーニニ文典』でサンスクリット語の文法体系を構造化し、サンスクリットの形態論を三九五四個の規則にまとめあげた。インド論理学そのものが彼の文法学を源流として発展したものである。

バイナリーのうちにあらゆる多様性が含まれ得るという世界観に、彼はどうやら強く共感しているらしいのである。

21　身体と密号

空海はさらに踏み込んで、大乗・小乗の教理のすべてをこの吽字のうちに読み込んでいこうとする。縁起と離二辺の中道にまつわるさまざまな仏教思想上の解釈が、吽字のもとに俯瞰されるのである。まず縁起については吽字のうちの訶字が表わす因（hetu）というものを巡って、仏教外の思想や縁覚、声聞の二乗、大乗の教えがめいめい違った解釈を打ち出し、諸説紛々と入り乱れている。あるいは彼らは、「人が有る」「ものが有る」「原因がある」「結果がある」「恒常的なものが有る」「自我がある」などの執着をもつ。これは増益の局面であって、麼字の一点のうちに含まれる。これらはいまだ離二辺の中道に至っていない。[152] もし「人はない」「ものはない」「原因はない」「結果はない」「恒常的なものはない」「自我はない」という見解に執着するのであれば、これらは汙字の一点のうちに含まれる。これは損減の局面であって、いまだ離二辺の中道に至ってはいない、と空海は語る。[153] 訶字と麼字と汙字が、ばらばらにではなくそれぞれ関係づけられて、仏教の諸宗派と仏教外の思想までがそこで整理されるわけである。

十二支縁起などの思想からは、情念と煩悩の増殖する局面を詳しく洞察したアビダルマ仏教のように「原因がある」「ものが有る」といった考えが導かれやすい。またそれらをただ逆に寂滅させるという発想にも至りやすいが、そうした縁起を成立させるとされる要素（項）を実体化して、その存在を肯定したり否定したりするのではなく、旋陀羅尼のようにそれらを構造的に捉えるのでなければならない。――そしてその上でそれを順観、逆観の両側、つまり増益と損減の両辺が同時に起こるものとして眺めねばならないのである。こうした関係が、仏教外の思想と仏教の諸宗派においてはいまだバランスよく捉えられてはいなかった。空海からすると、縁起と離二辺の中道をそのように調停しなおしたものが密教なのだ。[*154]

さらにまた、「空ではない（空に非ず）」「有ではない」「恒常ではない」「断滅するのではない」「一ではない」「異ではない」という見方への執着は、阿字の「非」という意味に包摂される、とも空海は述べている。「不生」「不滅」「不増」「不減」などの八不への執着も、阿字の「不」という意味に包摂されるというのだ。あるいは「無色」「無形」「無言（言葉がない）」「無説（説示がない）」といった

*152 定本　第三巻、六七頁。

*153 定本　第三巻、六八頁。

*154 唯識の相互包摂（「含むと含まれる」）と華厳の「一と多」という二種類の二項対立がこれらに組み合わせられる必要があったことも忘れられてはならない。本書一五〇～一五一頁を参照のこと。

ことへの執着も、阿字の「無」という意味に包摂され、これらはいまだ真実の意味にかなっておらず、否定的な表現に過ぎないという。とはいえ、「不増」で「不減」、どちらにも偏さないということは空海が今まさに述べたことでもあり、また阿字本不生を空海が否定するとも思われない。たとえば四句分別も、むやみと濫用されたのではその本来の意味を失い、屋上屋を重ねる仮定になってしまう。ナーガールジュナが八不を説いたことじたい、そうした反省に基づくものだったが、旧来の仏教に「非」「不」「無」といった概念を幾重にも積み重ねる傾向があることは否定できないであろう。かくして阿字は、それらがいまだ肯定的な表現によって真理を語るに至っていない、その限界をしめすものとされるわけである。

では吽字の真義が肯定的な表現（表徳門）によって語られるとどうなるのか？　ナーガールジュナの『大智度論』を踏まえながら、*155 こんな風に空海は語っている。

もしいまだ諸法の密号名字の相、*156 真実語・如義語を解せざるものは、所有の言説・思惟・修行等、ことごとくこれ顚倒なり。ことごとくこれ戯論なり。真実究竟の理を知らざるがゆえに。かるがゆえに龍猛如来ののたまわく、仏法の中に二諦あり、一には世諦、二には第一義諦なり。世諦のためのゆえには、衆生有りと説き、第一義諦のためのゆえには、衆生所有なしと説く。また二種あり、名字の相・密号を知らざるもののためには、第一義の中に衆生無しと説き、名字の相・

密号を知るもののためには、第一義の中に衆生有りと説くと。もし人有って、よくこの吽字等の密号・密義を知るをば、すなわち正遍知者と名づく。いわゆる初発心の時にすなわち正覚を成じ、大法輪を転ずる等は、まことにこの究竟の実義を知るによってなり。*157

(もしあらゆるものが持つ密号名字の相、その真実の言葉やさとりの言葉をいまだ解さないのであれば、そのものの言説も思考も修行も、ことごとく間違っており、ことごとく空理空論である。真実究竟の道理を知らないのだからだ。

それゆえナーガールジュナはこう仰っている。「仏法では二種類の真理ということをいう。一つは世俗的な真理［世諦］、もう一つは第一義的な真理［第一義諦］である。世俗的な真理のために、衆生は存在すると説き、第一義的な真理のために、衆生はあるものではないと説く。これにはまた二種類あって、名字の相や密号を知らないもののためには、第一義的な真理として衆生は存在しないと説き、名字の相や密号を知っているもののためには、第一義的な真理として衆生は存在すると説く。

＊155 『大智度論』巻三十八【大正】二五・三三六中～下。
＊156 秘密の名称や隠された深い意義のこと。
＊157 定本　第三巻、六八頁。

もし人があって、この吽字などの密号や秘密の意味を知るならば、すなわちこれをすべてを悟ったもの［正遍知者］と呼ぶ。初めて悟りを求める心を起こしたときに直ちに悟りを得て、大法輪を転じるのは、まことにこの究竟の真義を知ることによってである。）

世諦と第一義諦という区別においては、衆生のみならずその情念や煩悩も否定しがたく増大し、確かにあるというのがまず世俗的な真理であろう。――これに対し、それらの情念や煩悩、衆生の吾我などは恒常的なものではなく、寂滅するものであるとし、それを第一義的な真理であるとする立場がまずあり得よう。衆生はあるものではない、というのはここから語られる第一義諦である。

他方でそれらが増大するというのも、寂滅するというのも、もとより両輪のようにそれらが同時に進展しているというのが真実である。これらが離二辺であり、第四レンマ的でなければならないというのはそもそも仏教にとって根幹的だが、具体的にそれが思い描かれるためには唯識の相互包摂（「含むと含まれる」）や華厳の「一と多」といった複数の二項対立が組み合わさって、それら二項対立のそれぞれの項が媒介となって他の種の二項対立を調停し、さらにそうした媒介項の役割が一巡して、縮約が作られる必要があった。八種旋転や十六玄門はそのような媒介と縮約の関係から生まれる構造を列挙するように描出したものであったし、梵語の一文字がそれが組み合わさってできる言葉の意義を代表し、包摂するという考え方、つまり字門説や密号という思想も、このように発展した仏教にあって初めて可能なものなのであった。

「名字の相・密号を知る」密教においては、衆生や、あるいはその情念について、たとえそれらが増益する局面が描かれるとしても、それをも含めて真理の世界が旋転するように開花するのでなければならない。マテリアルな身体性をもった衆生があることから出発して、また仏教の構造が語られることが可能になる。——密教が仏教にもたらした画期的な変革とは、まさにそのようなものであった。初めて悟りを得ようと発心した菩薩が、遍(あまね)くすべてを知り、大法輪を転ずる……人あって密号を知ることで始まるのが、この密教でもあるのだ。

22 「菩提心を因となし」「大悲を根(こん)となし」「方便を究竟(くきょう)とす」——密教の実践と祈り

とはいえ、密教をただ知識のみで十分とするものと捉えることも、正しくはない。悟りのきっかけとなる発心や、修行、そしてその結果どのようになるのかについて、あらためて念を押しておく必要がある。そこで空海は今触れた菩薩を、声聞・縁覚と対比しながら、それぞれの悟りの原因（因）、修行（行）その成果（果）がどのようなものであるか、吽字の字門を手がかりに語っていく。つまり声聞、縁覚、菩薩の三乗*[158]をそれによって定義し、大乗仏教としての密教の立場を明らかにするのである。

まず声聞から見ていこう。――吽字のなかに訶（ha）字があり、これは因（hetva）を表わしているが、『瑜伽師地論』[*159]などにも説くように、生まれついての宗教的資質の有無（種姓）が声聞乗の人には大きく影響し、それが悟りを得ようとするきっかけとなる。その下には汙字があるが、これは損減の義であって、四諦の法、[*160]五停心観、[*161]七方便[*162]など、声聞の禁欲的な修行にあたるものである。また灰身滅智といって、声聞の人は身も心も完全に消滅させることを究極的な果報とするが、これは吽字の上にある麼字の空点（アヌスヴァーラ）によって表わされている。吾我に実体があることを否定するのが声聞の悟りだが、そもそも麼字は吾我不可得や人法二空[*163]を意味している。このうち人空であることを証するのが、声聞の因・行・果と呼ばれるものなのだ。

では縁覚はどうか。やはり『瑜伽師地論』に説かれている、生まれつきの宗教的資質の有無（種姓）が機縁となっており、それが因である。これは吽字のうちの訶字によって表わされている。縁覚もまた十二支縁起、四諦、方便などを観想し、それらを寂滅するものとして眺めるが、これは吽字の下のほうにある汙字によって表わされる彼らの行である。縁覚もまた、吾我の実在を否定することを果報としていたが、これも声聞と同様に麼字の空点によって表わされる。

次はいよいよ菩薩である。『大日経』、『金剛頂経』に説くところによれば、菩薩の人は「菩提心を因とし、大悲を根とし、方便を究竟とす」（「悟りを得ようとする心」を因とし、「衆生の苦を救う慈悲の心」を根本とし、「衆生を教え導く手だて」を究竟のものとする）、という。[*164]今この吽字を眺めると、その基本となる文字は訶字であり、これはありとあらゆる如来の菩提心を因とするということである。その下の汙(ū)字は三昧を意味するから、大悲万行、つまり衆生の苦を救う慈悲の心による、あらゆる行ということである。そして吽字の上の空点は、究竟大菩提・涅槃、つまり究極の菩提心と涅槃、という果を表わしているのである。*165

このように声聞乗、縁覚乗、菩薩乗の三乗の因・行・果は、ことごとく吽字のうちに包摂される。顕教、密教の因や行についても、これらの説明に準じて理解せよ、と空海は語っている。*166

＊158　注145も参照のこと。
＊159　『瑜伽師地論』巻二十一【大正】三〇・三九五等。
＊160　この世の一切は苦であるという真実（苦諦）、そうした苦は煩悩と妄執から起こるという真理（重諦）、それらの煩悩や妄執を滅するところに悟りがあるという真実（滅諦）、そうした悟りに導く実践という真理（道諦）の四つを四諦という。
＊161　不浄観、慈悲観、因縁観、界分別観、数息観という五つの観法のこと。
＊162　五停心観、別相念住、総相念住の三賢位と煖法、頂法、忍法、世第一法の四善根位をいう。
＊163　人もあらゆるものも自性を持たず、空であるということ。人が空であることを人空、ものが空であることを法空といい、合わせて人法二空と呼ぶ。
＊164　定本　第三巻、六九頁。
＊165　定本　第三巻、六九頁。
＊166　定本　第三巻、七〇頁。

実際に、あらゆる経論の教えが、その因・行・果について、吽字のうちにすでに包摂されているのだ。こんな風にである。

次に、この一字をもって、通じて諸経論等に明かすところの理を摂することを明かさば、しばらく『大日経』、および『金剛頂経』に明かすところ、皆この菩提為因、大悲為根、方便為究竟の三句に過ぎず。もし、広を摂して略につき、末を摂して本に帰すれば、すなわち一切の教義、この三句に過ぎず。この三句を束ねて、もって一つの吽字となす。広ずれども、乱れず、略すれども、漏れず。これすなわち如来不思議の力、法然加持の所為なり。千経万論といえども、またこの三句を出でず。その一字の中に開くところの因・行・果等、先に准じてこれを思え。ただ吽字にかくのごとくの義を摂するのみにあらず、所余の一一の字門も、またかくのごとし。[*167]

（次に、この吽字一字によって、諸経論に説かれた真理のすべてを包摂することを明らかにすると、『大日経』、『金剛頂経』に説かれているのは、いずれもみな「菩提心を因となし」「大悲を根となし」「方便を究竟とす」という三句であるに過ぎない。幅広いものを略述し、枝葉末節を根本に立ち戻らせれば、ありとあらゆる教義が、この三句であるに過ぎないのだ。この三句を集めると、一つの吽字になるのである。どこまでも広く敷衍しても、収束しており、略してはあるが、何も漏らすところがない。これこそが如来の不思議な力が、おのずと現れる加持によるものである。千の経典、万の論書ですらも、またこの三句一字から出るものではない。その一字のなかに開示される因・行・果なども、先の説明に准じて考えるがいい。ただ吽字にこのような意味が包摂されているだけではなく、他の一つ一つの字門も、すべてそのようなのである。）

ここで、「略すれども漏れず」（略述ではあるが、漏らすところがない）とあるのは、この『吽字義』をここまで展開してきた空海自身の述懐、自負でもあるだろう。密教は、ただ知的な教理であるだけでなく、菩提為因、大悲為本、方便為究竟という、大乗仏教の実践をその根本的動機とするものであり、そこにおいてそれまでの仏教のあらゆる教理を包摂し、凝縮したものなのだ。

それゆえ、この『吽字義』の最後は、密教がどのように衆生を教え導き、救済するのか、その果報のさまざまなあり方を、吽字そのものが表わすその他の意味のうちに読み解き、それらを面目躍如させることで終わっている。――いわばそれは、空海によるわれわれへの力強い祝福でもあるだろう。密教のあるべき姿が、舞台の幕引きに次々と姿を現わす俳優たちのように、吽字が表わす六つの派生的な意義として、それぞれに鮮やかなイメージをともなって開示される。順に見ていこう。

第一に、「擁護（おうご）の義」である。空海はシュバカラシンハの『大日経疏』巻九を典拠に[*168]、吽字の六

＊167　定本　第三巻、七〇頁。

種の意義を語っていく。先にも述べたように吽字の上部には空点があるが、これは虚空をしめす佉（kha）字と関係づけることができ、[169]すべてを包み込む般若仏母明妃[170]を表わしている。吽字の中には訶（ha）字があるが、因という意味を持っているので、虚空蔵のなかに、真の因の種子を宿し育んでいる。大いに護る、というのがその意味である。[171]

第二に、「自在能破の義」である。吽字の上部には空点があり、これは佉字門である。佉字門は虚空がとことん清浄で何もないさまを表わしており、それは高い山の峰を観想する三昧によって知られる。また吽字の中ほどにある訶字は、菩提幢といって菩提へと向かう吹き流しの旗印を表わしている。さらに訶字は風大と結びついており、[172]これは自在力というものをしめしている。――この二字が関わり合っているので、あたかも大将が思うがままに敵を打ち破るかのようである。それゆえ自在能破という意味を持っているのである。[173]

第三に、「能満願の義」である。訶字門は菩提心の宝だが、[174]『大日経疏』に「佉字門、虚空蔵と和合するゆえに、巧色摩尼を成ずることを得て、よく一切の希願を満たす」（佉字門、虚空蔵と和合することによって如意宝珠 Cintāmaṇi となり、あらゆる願いを成就する）と述べられている。それゆえ能満願という意味を持っているのである。[175]

第四に、「大力の義」である。訶字の菩提心のうちには、あらゆる如来の十力[176]等の大いなる力が具わっている。それが虚空を意味する佉字と和合することで、もろもろの束縛から解き放たれて、さまたげるものがない。風が自在に虚空のなかを旋転しているかのようである。それゆえ大力と呼ばれる。この大いなる力は、もろもろの仏たちの揺るぎのない資質（金剛種姓）から生まれたものである。遙かな昔から今にいたるまで、つねに訶字の真実の因をもってあらゆる修行がなされているのだ。佉字

＊168 『大日経疏』巻九【大正】三九・六七三下。
＊169 kha字は虚空の字義を持ち、『大日経疏』住心品【大正】三九・五八六中にも「佉字門を空と為す」とある。
＊170 定本 第三巻、七〇頁。
＊171 定本 第三巻、七〇頁。
＊172 定本 第三巻、七一頁。
＊173 定本 第三巻、七一頁。
＊174 菩提心は明珠（明けの明星）によって表わされる。青年時代の空海のエピソードを想起させる表現である。
＊175 定本 第三巻、七一頁。
＊176 如来の十力とは、1処非処智力（道理に合うことと合わないことを如実に知る力）、2業異熟智力（業とその結果について如実に知る力）、3静慮解脱等持等至智力（あらゆる三昧や解脱について如実に知る力）、4根上下智力（あらゆる衆生の資質について如実に知る力）、5種種勝解智力（衆生のさまざまな望みを如実に知る力）、6種種界智力（衆生やあらゆるものの本質を如実に知る力）、7遍趣行智力（衆生の赴く先を如実に知る力）、8宿住随念智力（自他の過去生を思い起こす力）、9死生智力（衆生の死生の時や来世について如実に知る力）、10漏尽智力（煩悩が尽きたことについて如実に知る力）の十種の力を指す。

の無数の功徳は、一つ一つどれもダイヤモンドが破壊されないように堅固である。それゆえ大力という意味を持っているのである。[*177]

第五に、「恐怖（くふ）の義」というものがある。あらゆる如来による偽りのない言葉を吽字は表わしている。あらゆるものには究極的には原因も結果もなく、もとより清浄であって悟っているという意味である。それゆえ、わずかに菩薩心をおこせば、たちまち菩薩の道場に座して、正しい教え（正法輪（しょうぼうりん））を説くことになるのだ。この吽字と相応することによって、あらゆる仏法を悟り、一瞬一瞬に一切智智をそなえ、たちまち究極の境地にいたって、限りなく堅固な悟りの座（金剛座）につくことになる、[*178]と空海は述べる。

五蘊（ごうん）[*179]の魔、煩悩の魔、死の魔、天魔など四魔が現れても、大慈悲三摩地（だいじひさんまじ）に入ってこれらの魔軍を恐怖させ、降伏させずにはおかない。太陽がわずかに上がると、暗闇がすっかり消えてゆくようなものである。

如来はいかなる教えによって、障害をもたらすものを恐怖させるのか。――この吽字門によってである。吽字の下のほうの汙字は三昧（三昧の画（かく））を意味し、ありとあらゆる修行をおさめることを表わす。吽字の上の空点はというと、すでに完成した無数の徳性をしめしている。また訶字は、仏法の旗じるしである。三昧と空点が結合することで、高い山の峰を観想する三昧となる。吽字の上の点は、般若仏母明妃であり、下の汙字の三昧は、胎内にあるものが日々成長することを表わしている。このような意味があるので、吽字を声に発するとき、魔軍は四散して壊走する。それゆえ恐怖という意味を持っているのである。[180]

第六に、「等観歓喜の義」がある。『大日経疏』巻十によると、吽字の中には訶字があり、これは歓喜を意味するという。[181] さらに吽字の上には空点があるが、これは虚空の三昧耶、つまり自証（みずから悟ること）ということを表わしている。吽字の下の汙字もまた三昧、三昧耶であり、これは化他（他に悟りをおよぼすこと）を表わしている、と空海は語る。虚空は「一虚」の三昧耶、自証のうちに無数の仏国土や諸仏を観る。汙字における三昧耶は八種旋転、十六玄門によって描かれるような、めぐりめぐって互いを媒介し縮約する世界そのものの三昧耶である。吽字の観法は、これら二つの三昧耶が、同じ働きの二つの現われであることを観るものだ。過去世、現在世、未来世のすべての仏たちは、みなこの観法において同じである。それゆえ等しく観る、という意味を持っているのである。[182]

＊177 定本 第三巻、七一頁。
＊178 定本 第三巻、七一～七二頁。
＊179 色（物質的現象のすがた）、受（感受の作用）、想（表象する作用）、行（意志を形成する形成作用）、識（認識して分別する作用）の五つを五蘊といい、すべてのものはこれらが仮に和合して成りたっているという説明がなされるが、実際にはそれらはみな空である。（五蘊皆空）
＊180 定本 第三巻、七二頁。
＊181 『大日経疏』巻十【大正】三九・六八一中。
＊182 定本 第三巻、七二頁。

『吽字義』のすべてを、冒頭から終わりまでこれですっかり私たちは経巡ったことになる。霊場の巡礼のように、あるいは旋陀羅尼のように、その全体を順繰りに辿って吟味することが、空海の思考を蘇らせるためには必要であった。この書物が著わされたのは九世紀の初頭、紛れもない古代である。その古代にあって、すでにこれほど複雑に繁茂した、高度な哲学が東洋で発展し、しかもそれを空海はわずか一字に収めて、簡潔に端的に表現しようとしたのだ。本書で展開された『吽字義』の考察から、『即身成仏義』、『声字実相義』へと遡ると、いたるところでこれら即・声・吽の三部作が響きあっていること、その根本の趣意に変わりがないことに誰もが気づかされるに違いない。

インドでの仏教の発展の最終形を引き継ぐものでありながら、しかも日本人の哲学的思索の出発点でもあった空海の思想。『吽字義』は、その始まりと終わりのドラマを私たちにあらためて突きつけるものだ。いや正確には、彼の思想はまだまだ未発の可能性を、今日なおも豊かに秘めているようなのである。

装画（カバー・目次・扉）　森ナナ
装幀　近藤みどり

著者紹介

清水高志（しみず・たかし）
東洋大学教授。井上円了哲学センター理事。専門は哲学、情報創造論。著書に『実在への殺到』（水声社、2017年）、『ミシェル・セール　普遍学からアクター・ネットワークまで』（白水社、2013年）、『セール、創造のモナド　ライプニッツから西田まで』（冬弓舎、2004年）、共著に『今日のアニミズム』（奥野克巳との共著、2021年）、訳書にミシェル・セール『作家、学者、哲学者は世界を旅する』（水声社、2016年）、G.W. ライプニッツ『ライプニッツ著作集第Ⅱ期 哲学書簡　知の綺羅星たちとの交歓』（共訳、工作舎、2015年）などがある。

空海論／仏教論

2023年4月20日　初版第1刷発行
2024年4月10日　初版第2刷発行

著　者　清水高志

発行者　大　野　真

発行所　以　文　社
〒101-0051 東京都千代田区神田神保町2-12
TEL 03-6272-6536　　FAX 03-6272-6538
http://www.ibunsha.co.jp/
印刷・製本：中央精版印刷

ISBN978-4-7531-0374-4

Printed in Japan